麹町中学校の型破り校長

非常識な教え

工藤勇一

SB新書
489

はじめに

この世の中を幸せに生きてほしい。

親であれば、子どもに求める望みは変わりません。

現在、ＡＩやＩＯＴなど科学技術の進展は著しく、経済構造は大きく様変わりしています。子どもたちの時代は、ひとつの会社に就職して定年まで勤め上げるような社会ではありません。そのような時代の変革期にあたって、ますます大切になってくるのは自分で考えて、判断し、行動できる力「自律」ではないでしょうか。どんな親もその力を身につけてほしいと考えているはずです。

しかし、子どもの将来のために少しでもよい環境に置いてあげたいと願い、親は早いうちから理想に引っ張り上げようとしがちです。幼児期からのＳＴＥＭ教育、英語教育、プログラミング教育といった習い事など、こうした「子どものために」という熱心な取り組みが、逆に自律を身につけるチャンスを奪っているとしたら……。

子どもはそもそも主体的な生き物です。一方的な押し付けは、主体性を鍛える機会を奪い続けます。すると、与えてもらうことに慣れた子が育っていきます。その子たちの多くは、次第に与えてもらう「質」に不満を言うようになります。面倒見が悪い、教え方が悪い、教材が悪い……。うまくいかないことが起こると先生や学校のせいにします。「誰かのせい」「組織のせい」にする。よくご存じですね。こんな子どもが成長した「当事者意識のない大人」の集まりが、今の私たち日本の姿なのかもしれません。

私は、6年前に千代田区立麹町中学校に校長として赴任してから、学校のさまざまな「当たり前」をやめました。麹町中の教育改革は、従来の教育からすると、「非常識」なことばかりです。

・宿題廃止
・定期テスト廃止
・頭髪、服装の校則を撤廃

・固定担任制を廃止

さらに「協調性こそが大事なのではない」「みんな仲良くしなくてもいい」「心は変えなくていい、行動を変えよう」と教える。文化祭の開催を生徒に全面的に任せる。

今の教育で「常識」とされていることは、私に言わせれば、子どもの自律を奪うものばかり。なぜなら親も教員も教育の最上位の目的を見失い、目の前の手段ばかりが目的と化しているからです。その結果、子どもの主体性や意欲、創造力といった能力がつぶされています。

麹町中学校の最上位の目標は、「自律した子ども」を育てること。それは、言い換えれば「人のせいにしない子ども」です。その上で、「人間はみんな違うし、対立が起きるのは当たり前である」「違いを乗り越えるためにどうしたらいいか」を教えています。「世の中まんざらでもない。結構大人って素敵だ！」

生徒たちにそう思ってもらうことが、麹町中学校の最上位の目標です。

麹町中学校の学校改革の成果は、年を追うごとに現れてきました。

「異例ずくめ！」「公立でここまでの改革ができるなんて！」

多くのメディアが取り上げてくださいました。文部科学省や全国の教育関係者が毎日のように視察に訪れるなど、注目度も上がっています。２０２０年入学の学校説明会には、定員の３倍を超す参加者が押し寄せ、座席が足りなくなるなど大混乱となりました。


本書は、そんな麹町中の取り組みと、40年余の教員生活で養われた思考をベースにまとめた、親に向けた初めての子育て論です。

正直に言うと、出版社から「親御さん向けの本を書いてほしい」とオファーを受けたとき、迷いもありました。なぜなら私はあくまでも中学校の教員。子育てといっても2人の息子を育てたにすぎず、それすら妻に任せっきり。偉そうなことはいえません。私自身、読者の方と同じ悩める親の一人だからです。

しかし一方で、子どもたちに教えてもらったことを振り返りながら、みなさんと一緒に「子育て」を考えてみたいとも思いました。これまでの教員生活を通じて、子どもたちの成長ぶりには、いつも驚かされてきたからです。

麹町中学は、ある意味、私立校の「滑り止め」のような存在です。私立受験に失敗し、自己肯定感を傷つけられた子どもが大勢集まってきます。入学後、一年生のうちは、子ども同士をめぐる問題は毎日のように起こります。

しかし、はじめのうちは劣等感を抱き、無気力で依存心のつよい生徒たちも、3年生に上がる頃には、主体性に満ちた生徒に変貌します。学級の中心的人物としてたくましく活躍してくれるようにもなります。発達に特性のある子も、そうでない子も「出る杭が打たれない」空間を全員で作りあげていくのです。

この本に示した「非常識な教え」が、子どもが自律する助けとなり、日本の教育に蔓延している「常識」が変わるきっかけになってくれればと願っています。

さぁ、はじめましょうか！

第1章

勉強の「正解」を疑う
学びの本質とは？

第2章

「心の教育」を疑う しつけの本質とは？

第3章

「協調性・みんな仲良く」を疑う

多様性の本質とは？

第4章

「子どものために」を疑う
自律のために親ができること

第1章

勉強の「正解」を疑う

学びの本質とは?

宿題はいらない

学校で勉強し、塾で勉強し、宿題をこなす。大人の社会ではさかんに「働き方改革」が叫ばれていますが、今の子どもの世界はなんとひどい働き方でしょうか。

麹町中学校では宿題を廃止しました。当初は、夏休みの宿題をゼロにするところから始めましたが、4年目を迎えるころには、毎日の宿題も全廃しました。

教員や親御さんのなかには、当然抵抗感や反発もありました。が、私はかねてから抱いていた確信から、丁寧に説明を重ね、実行に移したのです。

これは、膨大な量の宿題に忙殺される子どもの負担を軽くしようというだけの話ではありません。

宿題という、学校では当たり前の慣習が、あまりに「やらされる学習」として定着していました。そして宿題が、子どもたちの自律的に学ぶ意欲を奪っていたのです。どういうことでしょうか。

宿題はそもそも、何のために行うか。

目的を考えてみてください。

それは、「子どもの学力を高める」ことに他なりません。

しかし、実際の宿題はその目的を達成しているとは言えません。

たとえば、漢字の書き取りの宿題。「テストで間違えたら、1文字について、20回書いて提出すること」と課題が出され、「へん」を20個書き、「つくり」を20個うめる。「早く終わってほしい」。そう思いながら、そんな作業を延々と続けた経験は、子ども時代、誰もがあるはずです。

書き取りの本来の目的は、漢字を覚えることです。その作業で覚えられるならよいのですが、逆に思考停止し、やらされ感でいっぱいになるのが現状でしょう。

そもそも、その漢字を知っている子や、2、3回書いて覚えられる子なら、何十回も書く必要さえありません。それなのに、「宿題をこなす」という、**本来は「手段」にすぎないものを、「目的」にしてしまう**のです。

非常識な教え 1　漢字の宿題「最上位目標」は何？

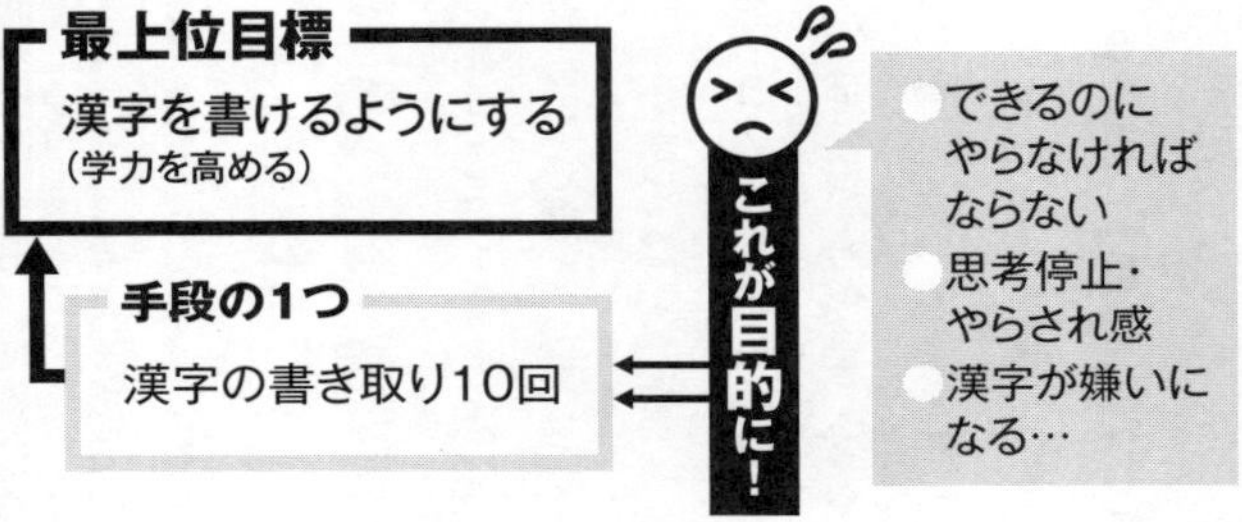

なかには、目的が非常に不明瞭な宿題もあります。私が小学校のときに嫌いだったのが作文。いったい誰のために書くのかよくわかりません。その結果、先生に向けて夏休みの思い出を書いて、「楽しかった」とまとめる。読み書きに苦手意識のあった私には拷問でしかありませんでした。

そんな体験もあるので麹町中学校では読書感想文のような宿題は一切出しません。もちろん、なかには文章を書くことが好きな子もいるので、そんな子には実力を発揮できる場を与える目的で、希望者に課題作文を書いてもらうこともありますが、全校生徒に強制することはありません。

机に向かう習慣は、本当に重要ですか？

とはいえ、宿題をなくしてしまうと、

「子どもたちが家で勉強しなくなってしまう」

「学習習慣が身につかないのではないか」

と不安になる親御さんがいらっしゃることは理解しています。当校で宿題廃止を決めたときも、同じような批判や不安の声を少なからずいただきました。

親であれば「子どもに学習習慣を身につけさせたい！」と考えるのは、ごく当然のことかもしれません。

しかし、考えなければならないのは、「本質」です。そもそも「学習習慣」とはいったいどういうことなのでしょうか。

大人が考える学習習慣とは、「(大人が決めたルールに従って）机に向かって長時間勉強すること」と捉えている人が多いのではないでしょうか。

「机に向かって勉強する習慣」の何がいけないの？

そんな声が聞こえてきそうですが、その子の人生にとって本当に重要なことでしょうか。冷静に考えると、そうではないことに気づくはずです。

私の子ども時代を振り返ると、勉強とは必要なときにやるものであって、「決められた時間」に毎日やるものではありませんでした。私の親が勉強について口うるさくなかったこともありますが、多くのご家庭でもそのような感じではなかったでしょうか。小さいときから毎日決められた時間に勉強していた人は、少数派だと思います。

仕事に置き換えてもそうです。私たち大人は必要だから机に向かうわけで、そこで問われるのは仕事の質とその成果です。9時から17時まで会社のデスクに座っていることが仕事の本質ではないと、大人であれば誰でもわかっているはずです。それなのに、子どもの勉強習慣になると、途端に「何時間、机に向かったか?」を基準にしてしまうのです。

学習習慣とは、必要に応じて「主体的に」勉強できる子どもになってもらうことだと考えます。

そのために大人がすべきは、長時間の「やらされ勉強」を強制することではありません。子どもの学習意欲を高め、かつ自分に合った学習スタイルを見つけてもらうことです。**机に向かって座らせることを目的にしてしまうと、むしろ、言われたことしかやらない子どもになりかねません。**

そもそも、勉強とは、一生続けるものです。

高校や大学を出たら「もう勉強しなくていいや」と勘違いする子がいるのは、勉強は強制されるものだと思い込んでしまっているからです。20代では同世代との知識の差はないかもしれませんが、40代、50代になってくると、どれだけ主体的に勉強してきたかで大きな差が生まれます。

私たちはつい忘れがちな事実があります。それは、1日は24時間しかない限られたものであるということです。

日本はもともと勉強時間が長い国です。多くの子どもは朝早くから学校にきて、夕方まで学校で過ごし、その足で塾に行き、帰宅したら宿題をこなすハードワークを課せられています。残された時間はあまりありません。

だとすれば、その限りある時間を、大人に怒られないために、机に向かう目的のために費やして良いのでしょうか？　子どもが長時間机に向かっているからといって、学力がグングン伸びるとは限らないのです。

「勉強面倒くさいな」「早くゲームしたいな」「遊んだら怒られるしな……」

ブツブツ言いながら、机に向かっても集中していない可能性も高いわけです。

こういう話をすると、「子どもが遊んでばかりいていいのですか？　放っておいていいのですか？」と思われる親御さんが多いのですが、私はこう考えています。

「勉強を無理やりさせるくらいなら、遊んでいる時間のほうが子どもにとってはるかに有益だと思います」

ゲームをする、漫画を描く、筋トレに励む、ボーっとする。

これは子どもにとって何物にも代えがたい「特別な時間」です。大人からは**「非生産的」に見えたとしても、それらはすべて「主体的に」取り組む時間**だからです。

わかっていることはやらなくていい

「学び」とは、わからなかったことがわかるようになったとき、できなかったことができるようになったときにはじめて成立するものです。その点、すでにわかっていることを宿題として課しても、子どもがそこから学べることは限定的なものになってしまいます。

すでに中学生棋士だった藤井聡太七段が、教員にこう聞いたことが話題になりました。

「授業をきちんと聞いているのに、なぜ宿題をやる必要があるのですか?」

その後、担任が宿題の意義を説明して、納得した後は取り組んだそうですが、将棋の世界ですでに自律した考えを持っていることが、こうしたやり取りからもうかがえます。24時間という限られた時間の中で、少しでも将棋の時間をつくりたい。そう思っている彼にとって、将棋の時間を奪う無駄な宿題は減らしたいのでしょう。彼の心の声が聞こえてきそうです。

もし先生が子どもに宿題を課すのであれば、着目すべきは「学び」の瞬間を子どもが体感できるものであるかどうか。そうしないと子どもの貴重な時間を無駄に奪うだけでなく、勉強嫌いの子どもを増やす要因になる危険もあります。

主体的に勉強に取り組むためには、次のような条件をつけるといいと思います。

1 わかっていることはやらなくていい

2 わからない箇所があったら、ひとつでも2つでもいいのでわかるようにする

最初の条件はすでに書いた通り、わかっていることに時間を割くのは時間の無駄だからです。ポイントは2つ目です。

一律に出される宿題では子どもにとって「宿題をこなすこと」が目的になってしまいます。すると、自分が解ける問題ばかりを解いて宿題を提出さえすれば、「よく頑張ったね」と親や先生から褒められ本人も満足してしまう。でも子どもにとってわからない問題はわからないまま。これでは学びになりません。

一方で、「わからないものをわかるようにしてね」と言われたら、宿題（自主学習）の目的は「わからないものをわかるようにする」、この一点にフォーカスされます。

すると子どもながらに「どれがわからないかな？」「どうやったらわかるようになる

かな?」といろいろ考え始めます。

親や兄弟に質問する子もいれば、放課後に友だちや先生に聞こうとする子もいるでしょう。図書館で本を借りたり、YouTubeで調べたり、Yahoo!知恵袋を参照する子もいるかもしれません。

答えにたどり着くための道程はひとつではありません。その過程を考えるほうが大切です。

「いろいろな方法がありそうだけど、どれがベストなのか?」と、子ども自身に考えさせ、実際に試行錯誤してもらうのです。

こうした体験を続けていると、子どもの中で**「わからないものをわかるようにするには何らかのアクションが必要である」**と意識づけされていきます。そして、どんなアクションが自分に合っているかも経験でわかるようになってきます。こうして、自分の学習スタイルが確立されます。それはまさに大人になったときに必須となる課題解決のスタイルそのもの。子どもの将来の生き方・働き方に直結していく話なのです。

大量の宿題は先生の都合

とはいえ、子どもに勉強を強制したくない親御さんでも、宿題をこなさないと学校の成績が下がるのではないか、と心配するのも自然のことです。宿題の提出が成績に直結するのもまた事実です。

なぜ宿題がなくならないか。それは、大半の学校では子どもを評価する手段として宿題が重宝がられているからです。その背景には国の制度上の問題があります。

宿題が、出す側の問題である面も指摘しておかなければなりません。

ご存じの方も多いと思いますが、公立校の成績のつけ方は相対評価から絶対評価に変わりました。相対評価の時代は「1」のつく子どもはクラスの7%、「2」が24%、「3」が38%、「4」が24%、「5」が7%と配分が明確に決まっていました。40人学級なら「5」がもらえる生徒は40×7%＝2・8人なので2人だけ。つまり「5」がついたらクラスで2番以内で、昔の「オール5」とはまさに神童レベルでした。

しかし、その仕組みでは、クラス全体のレベルが高いと、勉強はできるのに相対的に評価が低くなる。そこで評価が、「絶対評価」に変わりました。ここまでは理にかなっています。しかし今度は、どのレベルを超えたら「5」を出すのか、といった判断基準が必要になります。この基準設定がとても難しいのです。

ちなみに文科省の推奨する絶対評価の基準は以下の4項目が25％ずつの配分になっています（一部の教科は5項目）。

1 関心・意欲・態度
2 思考・判断・表現
3 技能
4 知識・理解

2〜4はペーパーテストで測れます。しかし、1「関心・意欲・態度」の項目が先生にとっての曲者。一斉授業型のスタイルでは差が見えづらいのです。そのため、「関心・意欲・態度」を「宿題をやってくるかどうか」で判断する先生が急増しました。

極端な話、宿題の中身は関係なし、提出したかどうかだけを見る教員もいます。

その場合も二通りいて、勉強が苦手な子に対して、宿題の提出を評価してあげたい善意タイプの先生もいますし、そもそも忙しすぎて中身まで見ていられない先生もいます。

いずれにせよ、公立学校の宿題は、文科省が評価制度を絶対評価に切り替える通達を出してから一気に増えました。すべての教科の先生が同じように悩むので、すべての教科で宿題が増えたのです。

大人世代が受けた学校教育と比べても、今の子どもたちははるかに宿題量が増えています。しかも文科省はそれを意図したわけではない。予期せぬ副作用として起きたことなのです。

私は何も日本の教育制度を批判したいわけではありません。まず、現状の教育が本当に自律的な子を育てるという最上位の目的にかなっているのか、大人自らが当事者意識をもって問い直していかねばならないことだと考えています。

定期テスト「一夜漬け」では意味がない

では、どのように子どもが学びのスタイルを身につけていけばよいのか。そのヒントが、麹町中学校の取り組み「定期テスト廃止」にあります。

驚かれる方が多いのですが、麹町中学校には宿題だけではなく、期末テストもありません。すべて廃止しました。

その代わり、年に4~7回実施する「実力テスト（うち3回は全国・全都で比較できる標準テスト）」、単元が終わるごとに実施する「単元テスト」、単元テストより範囲の小さい「小テスト」の3種類（3階層）のテストを実施しています。


3種のテストのうち、成績に反映されるテストは単元テストだけです。単元ごとなのでスパンが短く、一回に学ぶ分量はそう多くありません。しかもそれが成績に反映されるとわかっているので、子どもたちは集中して勉強をします。

この単元テストは点数に納得できなかったら、**自己申告で再チャレンジ**ができます。この再テスト制度こそが、子ども一人ひとりの学びのスタイルを身につけるための肝です。

一回テストを受けたら子どもは自分が解けなかった問題がわかります。大人の表現をすれば、課題が「見える化」されます。

しかも再チャレンジした場合、一度目の点数は無視され、再チャレンジした最終のテストの点数が成績となるのです。一発勝負のテストだと、点数で一喜一憂することはあっても、答案結果を細かく見直すことはなかなかしないですよね。でもリベンジのチャンスがあったらどうでしょう。すでに課題がわかっているので、子どもは自らの意思で、わからないものをわかろうとする努力をします。そして「どうやったらわかるようになるか?」と試行錯誤を始めます。

こうして勉強し直せば、必然的に2回目のテストは点数が上がります。

ここも大事なポイントで、再テストを受けて点数が上がった子どもは「40点が60点になった」と成功体験として受け止めます。**一発勝負のテストだと、意識が「他人との点数の比較」に向いてしまうので、せっかく学力が伸びていても素直に喜べない子どもたちが多い**のですが、比較対象が自分になるとそれを喜べます。

「再チャレンジ可能な単元テスト」を導入するだけで、子どもの学習意欲を引き出せますが、さらに麹町中学校では、授業中に「小テスト」を実施しています。

この小テストの位置付けは、単元テストの予行練習。

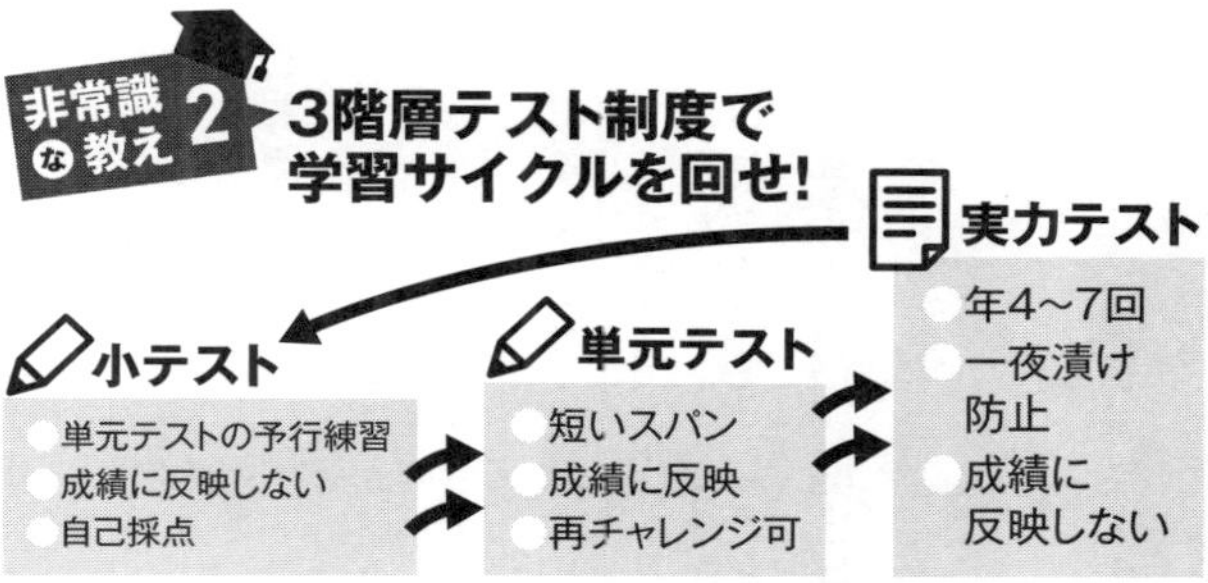

☑ 他人との比較ではなく自分の成長に目が向く
☑ 子供が主体的に学習サイクルを回すクセをつける

つまり「この小テストを解けるようになっておけば単元テストも大丈夫」なもので、成績にも反映しません。その上、自己採点してもらうので、先生にとっても負担になりません。

この仕組みで、子どもの全体の成績を押し上げることは難しくありません。小テストで出す問題のレベルを上げればいいだけです。成績に反映されないといっても小テストで解けない問題があったら「わからない状態のまま放置したら単元テストがやばい」と子どもたちが危機意識を持ちます。

すると、子どもたちはわからないものをわかるようにしようと主体的に課題解決のサイクルを回し始めるのです。

小テストの結果、小さなサイクルを回す。

さらに単元テストの再チャレンジで中規模のサイクルを回す。

こうした体験を重ねていくと「勉強とはこういうことなんだ」と理解できるようになります。

しかも1学期が終わる頃には、「自分で納得できる点数だから、再テストは受けません」と話す生徒も現れます。つまり、生徒本人の中で、**テストが「やらされ勉強」から、誰のせいにもできない「自分の中の課題」に変わっている**のです。

そうやって各自が勉強のスタイルを身につけていくと、年4~7回の実力テストを受けて、期待していた結果が出なかったときも、自力で学習サイクルを回すクセがついていきます。宿題廃止は、このようなテストの仕組みとセットになっているからこそ成り立つものです。

ここで疑問をもたれた方もいるかもしれません。なぜ、実力テストを成績に反映しないのか、と。なぜなら、実力テストは目的が異なるからです。

麹町中学校のテストの目的とは、「子どもたちがわかる・わからない」を把握する。そして、わからないものをわかるようにするためのアクションをとる。自分に適したアクションを見つけ出す……この一連の流れを、「学び方」につなげることです。

もしここで、実力テストを成績に反映すると、広範囲を勉強しなければならない子どもたちは、最初からあきらめてしまい、一連の学習サイクルが崩れてしまいますよね。

実力テストの目的は、あくまで個人が実力を試す位置づけにすぎないのです。

宿題廃止と3階層のテスト制度の仕組みは、先生たちと協議を重ねた上で考えついたもの。そのとき私がよく言ったのは、「もっとシステマチックに考えよう」。実はこの仕組みは、子どもに主体的な学びの習慣を身につけさせるだけでなく、先生にとっても合理的。宿題をチェックする必要も、小テストを採点する必要もないからです。

社会に適応する力、非認知スキル

そもそも、なぜ宿題や定期テストを廃止したのでしょうか。

私は、子どもたちに「建前」ではなく、本質の教育をしてあげたいと考えています。

ではそのためにはどうするのかというと、「この子が大人になった時、どんな姿で生きているだろうか？」という逆算から考えた教育をすればよいのです。

現在、日本の教育現場では、子どもの学力を測る物差しとして、相変わらずペーパーテストが使われています。最近では大学の一芸入試や、企業による学歴不問採用の事例も増えてきましたが、まだごく一部。基本的には、決められたカリキュラムをひたすらインプットし、知識量を競う「受験」で、学校が決まり、就職先も決まる構図が続いています。

その結果、何が起きているのでしょうか。

多くの親が、「子どもに良かれ」と、社会とは断絶した学校の仕組みに我が子を適応させようとしています。しかし、子どもたちに本当に教えるべきは学校への適応力ではないはずです。それは、**「社会に出たときにしっかり生きていける力」、つまり社会への適応力**ではないか、私はそう思います。

実際、社会に出てみると、学歴がその人の能力を示す物差しとして、あまり信用できないと誰しも痛感しているはずです。学歴に関係なく活躍している人など社会全体を見渡せばたくさんいます。

では実際に社会で活躍できる能力とはどういうものか。

それは、定量化しづらい個人スキル**「非認知スキル」**と呼ばれるものです（定量化できるＩＱや偏差値を認知スキルと言います）。具体的には、

・課題発見力や課題解決力
・試行錯誤を続ける力や挑戦意欲
・メタ認知力

などの数字では測れない力です。他にも、

・感情をコントロールする力
・人を動かし、巻き込む力（協働する力）
・ゼロから価値を生み出す力
・情報活用力

なども重要な力ですね。IQに対してEQ（心の知能指数：Emotional Intelligence Quotient）と呼んだり、ハードスキルに対してソフトスキルと言ったりもします。最近、私が保護者の方に説明するときは、イメージがしやすいように「起業や転職ができる力」と表現することもあります。

学校の成績や学歴で人を評価するのは、今のところ多くの大人たちに固定化された概念なので、パラダイムシフトがそう簡単に起きることはないでしょう。しかしその時代は、まもなく終わるだろうと感じています。それは、大人の社会を見れば明らかです。

学校での学びの本質が、「社会で活躍する人材を育てる」ためのものであるならば、子どもたちが本当に身につけるべきは、非認知スキルです。

非常識な教え 3 これからの時代の必須スキル、非認知能力とは？（一例）

- 課題発見力と課題解決力
- 試行錯誤を続ける力や挑戦意欲
- メタ認知力
- 情報活用力
- 感情コントロール力
- 人を動かし、巻き込む力（協働する力）
- ゼロから価値を生み出す力

非認知スキルは、「社会人としての基礎能力」であり、もっと言えば「生きる知恵」そのものだからです。一斉授業で受け身の学び、人のせいにする癖をつけてしまうのではなく、どんなに時代が変わろうともあらゆる場面で応用が利く、強力な武器を持つことこそ将来のための学びです。

子育てや教育に関する本には、「非認知スキルの習得は幼少期が勝負」とよく書かれていますが、そんなことはありません。**中学生であっても、十分身につけられます。**

非認知スキルを鍛えるにあたって必要なのは「環境」。それなのに、大人たちが自分の受けた教育という「既成概念」にとらわれすぎてしまっているのです。

学びとはカリキュラムをこなすことではない

「教科書からしか学べない」

「学校のカリキュラムを最優先すべきだ」

親や教員といった周囲の大人が、既存の教育の枠組みにこだわりすぎると、子どもの興味・関心を潰すだけではなく、せっかくの学習機会も奪いかねません。ひいては子どもの主体性も損ないます。

日本社会で育った大人の多くは、学校のカリキュラムをこなさないといけないという固定観念にとらわれています。まずはそれを捨てることです。

たとえば、子どもがはまったものが昆虫だったら「理科だからいいか」と安心する親はいるかもしれませんが、車の本しか読まないとなったらどうでしょう。とたんに「学校の成績に関係ないからやめさせたい」と思ってしまうでしょう。

でも、子どもは車の本を読みながら、デザインの世界に魅了されているかもしれない。イタリアに興味が湧いているかもしれないし、エンジンの仕組みに不思議を感じているのかもしれない。自動運転システムをつくってみたいと思っているかもしれません。

以前、学校のあり方を議論する経済産業省の会議に参加したとき、都立園芸高校に通うある男子高校生と出会いました。

聞くと彼は、小学生時代、病気のために学校に通っていなかったそうです。

彼は昆虫が大好きで、病院で昆虫の本を読み漁っていました。

「好きなことをもっと知りたい」

彼には、その欲求が根源にあるので、読めない漢字や知らない単語が出てくると周囲の大人に聞いたり、自分で調べたりします。そうやって自然と国語を学んだと言っていました。

そんな彼はいま園芸高校で生物の研究を楽しくやっているものの、自分が進みたい領域とは関係性が薄い授業もたくさんあり、それらは苦痛だと言います。研究の比重をもっと増やしてほしい。それが彼の大人たちへの要望でした。

その話を聞いたとき、彼は「学びの本質」を知っていると感じました。

つまり、**自分にとって必要な知識は自分で選んで学ぶ**のです。

学びの本質と偉そうに書きましたが、それは私たち大人が社会人になったときの学び方そのものです。仕事で使う知識にしても、趣味や教養の知識であっても、すべては必要になったときに、主体的に学びにいきます。しかもいまはインターネットがあるので、わざわざ誰かに教えてもらわなくても独学で相当なレベルまで学ぶことができる。

読者の多くは、子どもにどんな勉強をさせたらいいか頭を悩ませているでしょう。

「やっぱり早期の英語学習は必須ですか？」

「ＳＴＥＡＭ教育はいまからやらせたほうがいいですか？」

そういった相談もよく受けます。

私の答えは一貫しています。子どもが興味を示さないのであれば無理にやらせる必要はないと思います。英語にしてもＳＴＥＡＭにしてもあくまでも手段。**手段にすぎないものを子どもに強制して、子どもの主体性や意欲を奪ってしまうほうがはるかにマイナス**ではないかと考えるからです。

ただし、子どもがやりたいのであれば徹底的にやらせてあげる環境をつくってあげてください。親が、手段にすぎない学校の「カリキュラム」や「科目」にこだわって、子どもの好奇心を摘んでしまわないように気をつけたほうがいいでしょう。

「音楽・体育・美術」は一生の友だちにしよう

もちろん学校で教える「教科」が、将来役立つことは間違いありませんし、知識を体系的に学ぶには教科書のフォーマットは非常に理にかなっています。

しかし、いまの教科主義の教育制度には限界もあります。あまりに学ぶ量が多く、多くの無駄が生じてしまう点です。私が考える課題を書き出してみましょう。

1　一斉授業の非効率さ

国語であれば、日本語の読み書きや読解力は教科書を使わなくても学べます。そもそも国語が得意な子は、小さいときから本が好きな子が多いわけですから、国語の一斉授業はフォーマット自体が非効率なのかもしれません。

実は私自身、かつては一斉授業で上手に教える、いわゆる「スーパーティーチャー」

を目指していた時代がありました。その途上で気付いたのは、**一斉授業だけで育った子どもたちの多くは、人を批判するようになる**ということ。一斉授業では子どもは教員に頼って受け身になります。「先生の教え方が悪い」「先生がうまく教えるべきだ」と人のせいにしたり、他人に求めたりするようになるのです。

こうした非効率やデメリットを解消するのに適しているのは一人ひとりのモチベーションを優先した個別最適化された授業、そして常に学び合いながら問題を解決していく双方向型の授業です。一部の科目では行われていますが、対象を広げる余地はまだまだあると思います。

2　時代遅れになってきている

カリキュラムが時代に合っていないことは、しばしば起こります。

たとえば国語の授業ではあいかわらず古典や漢文を習いますが、社会に出て古典や漢文を実際に使っている人はどれだけいるでしょうか。教養として必要だという意見はよくわかるのですが、それは大学生以降に必要になったら学べばいいだけで、わざわざ中学生に一律で教えるようなものとしてふさわしいか、議論が必要だと思います。

3　縦割りの限界

教科ごとの縦割りも限界がきている気がします。当校でもまだまだ改善しなくてはいけませんが、たとえば数学と物理は常に連動しているものです。世界史を知らないで日本史だけを学んでもあまり意味はありません。逆に理科の授業で英語の論文を読んでもいいわけですよね。

子どもたちにいろいろな知識を詰め込むのであれば、断片的ではなく、横断的に教える必要があります。知識に境界線はなく、有機的につながっていると体感してもらうことが大事だと思います。

4　評価すべきではない領域まで評価する

教科によってはそもそも評価すべきではないことを評価対象にしているケースもあります。それが体育、美術、音楽の3科目です。

私は、ことあるごとに教員に問いかけています。

「なぜ鉄棒を子どもにやらせるの？　なぜ跳び箱をやらせるの？」

この問いに教員たちはどれだけ答えられるでしょうか。

ヨーロッパでは、体育という教科は生涯教育のひとつです。障害があってもなくても、スポーツが上手くても苦手でも、運動を一生楽しめる人間をつくることを目的にしています。一人でやっても楽しい、複数でやればもっと楽しい。それを教えていくことが、体育という教科の最上位の目標ではないでしょうか。

たしかに繰り返し練習して、逆上がりができるようになる、跳び箱八段が飛べるようになる、それも価値があるかもしれません。しかし、**「できる」を強制しすぎて運動が嫌いになるのであれば、本末転倒**。音楽も芸術もまったく同じです。人と比較して、評価することに意味があるのか。今こそ、こういった情操教育の在り方を、国全体で論議すべきだと私は考えます。

当校では2019年度から体育、美術、音楽の評価の仕方を変えました。子どもの関心や意欲の比重を上げたのです。スキルは二の次、積極的に楽しむことができる生徒に、間違っても2や1がつかないような学びにしたいものです。

親のジレンマ　将来も大切だけど、目先の受験も無視できない！

ここまで読み進めてきて、読者の方のなかには、こう思った方もいるかもしれません。

「近い将来、非認知スキルが社会人の評価軸になるのは間違いないかもしれない。でも、現実として子どもには目先の受験があり、それに勝たないと次のステップにさえいけないのではないか」

親として、将来のスキルも大事だけど「目先の受験」とどちらを優先したら良いのか。そんなジレンマに陥っている人も多いかもしれません。

「子どもが熱中していることを奪いたくない。けれど、高校には行ってほしいからテスト勉強をしなさいとつい言ってしまう。それが正解なのかもわからない」

「いい大学に行ってほしい。でも勉強以外の軸ももってほしい。でもそのための方法がわからない……」

そんな方もいらっしゃるかもしれません。

中学を卒業して社会に飛び出したり、海外に行ったり、N高等学校のような新しい学びの場といった選択肢もありますが、まだまだ高校受験を選ぶ子どもが圧倒的に多い世の中です。当校としてもそのニーズにきちんと応えないといけません。

ひとつの解として麹町中学校で目指しているのは、自分の意思で計画し、効率的に学ぶ力を身につけることです。そうした力を基盤にし、限られた時間を有効に使っていくことで、精神的なゆとりが生まれ、未来のスキルを鍛えたり、自分の物語探しをすることもできるようになるのです。

ポイントとなるのは次の2つです。

1 自分に合った学び方を習得する

2 自分は何が「わからない」かを把握する

私が麹町中学校の改革を始めて6年。幸いにもその成果が出てきています。まず、自分に合った学び方の習得について、お話ししましょう。

私は、画一的な学習方法を子どもたちに強制するスタイルは、問題が多いと感じています。たとえば、こんな議論をよく耳にします。

「子どもに電子辞書を使わせていいのか？　それとも紙の辞書を使わせるべきか？」

辞書については、麹町中学校では子どもたちに一任しています。メリット、デメリットを説明したうえで「自分に合った方法を選ぶといいよ」と子どもたちには伝えています。

学校や先生によっては、かたくなに「紙の辞書」にこだわるケースもあります。なかには独自のメソッドを子どもたちに一律に教える先生もいるようです。

当然、そうしたメソッドにそれなりの効果があることは認めます。

たとえば多くの小学校で実践されている「辞書引き学習」のメソッド。調べた言葉を付箋に書いて貼っていくスタイルなのですが、児童たちの辞書を見ると驚きます。何千、何万という付箋が貼られているので分厚い辞書が完全に変形している。それを見ると

「これで学んだ子は勉強ができるようになるんだろうな」と感じます。

しかし、それはあくまでも選択肢のひとつ。合わない子どもだって、きっといるはずです。**大人はひとつの成功体験があると、ついつい手段を目的にすり替える習慣があります。**本来なら上位目的を達成するための手段はいくらでもあるはずなのに、手段が目的になってしまうとその柔軟性が失われ、そこにはまらない子どもが出てきてしまうのです。

勉強は要領をつかむまでが勝負である

私が画一的な学習方法に否定的な理由は、私自身が子どものときに学習方法で悩んだ体験があるからです。

私はもともと読み書きに苦手意識があり、ノートをとるのが得意ではありませんでした。そんな私に、小学校の先生がかけてくれた言葉は、今も脳裏に焼き付いています。

「人の話は、目で聞け」

そこから私の「書かない学習スタイル」の下地ができました。授業中は背筋をピンと伸ばして、姿勢よく、突き刺すように先生を見つめるのです。ただしこれは好きな教科に限ったこと。大好きな算数と理科以外は、授業を受けた記憶すらないものもあります。

しかし中学校に上がると、好きな教科だけやっているわけにもいきません。相変わらず数学・理科は得意でしたが、それ以外の教科はそもそも興味さえもてない。

1年生の最後の授業ではこんなことがありました。

「このクラスには英語ができないやつが3人いる。○○と○○と……工藤だ！」

私は英語の教員に名指しで点数の悪さを指摘され、みんなの前で長時間立たされたのでした。テストの点数は30点台。そのことに危機感すらもっていませんでした。

そんななか中2のときです。私のその後の道が開ける出会いがありました。地元の大学生がこんなアドバイスをくれたのです。

「勉強の仕方なんて簡単だよ。どんなことも繰り返せば、必ず覚えられる。読むだけで覚えられる。線を引いたら、もっと覚えられる。どのくらい読めば覚えられるかは、そのうち君自身がわかるようになるだろう」

やってみたら、その通りでした。

教科書に線を引きながら読んでいくと、興味のない科目でも記憶できます。色ペンで何重にも線を引いていくと、教科書は誰も読めないくらい汚くなっていきますが、内容が頭に入っていく感覚もありました。

その結果、急に勉強が面白くなり、成績は飛躍的に上昇、2年生の終わりには成績が400人中7番まで上がりました。ビリで立たされていた生徒が、トップクラスに入る。親も先生もそして私自身も、1年間の成長ぶりに驚きました。英語の教員の「そんなわけはない……」という顔は、今でも忘れられません。

いま振り返っても、私が成績を上げるために人生で一番意識して真剣に勉強したのは中2の頃です。

そこで調子に乗って勉強三昧になっていれば人生が変わっていたかもしれませんが、「やればできる」という妙な自信をつけてしまった私は、中3以降は学習熱が冷め（1

位になりたい欲求がそもそもなかったので）、必要に応じてやるといった感じになりました。

でもこの体験がなかったら、私がいま学校の教員をしていることはなかったでしょう。一連の体験から得た最大の学びは、どんな領域でも**「要領をつかむまでが勝負」**であるということです。要領をつかむと苦手意識がなくなります。すると、新たな課題が現れても「じゃあどうやって料理するかな」とその対象を矮小化して捉えられるようになります。


要領さえつかんでしまえば、ペーパーテストは飛躍的に効率よく勉強できるようになります。学校の勉強は「テストの点を上げるため」という認識が一般的かもしれませんが、そうではありません。それよりも**優先すべきは、「自分に合った学び方を見つけてもらうため」**なのです。

テストの点数を上げることを最優先するなら、ひたすら長時間勉強をさせれば目的は達成できます。しかし、それはその場しのぎにすぎません。自分に合った学習スタイルさえ確立できれば、効率的にテストの点を上げられます。しかもそこで習得した学習スタイルは社会に出たあとも、一生使えるスキルになっていくのです。
ただし、要領のつかみ方は人によって千差万別。だからこそ当校では学び方についてはヒントをたくさん与えつつ、縛りはもうけないのです。

手帳の使い方を変えて、勉強のスタイルを身につける

私たち大人が仕事を効率化したいときのツールといえば、手帳があります。アポの管理だけならスマホで十分でしょうが、細かいタスクの管理や、アイデアを書きとめたり、週ごとの目標を決めたりするときに、紙の手帳は欠かせません。私が手帳を愛用するようになったのは、40歳を過ぎてからです。教育委員会に所属し、マルチタスクをこなすようになると、情報処理が追い付かなくなったのです。そこで手帳の使い方を徹底的に研究しました。

麹町中学校では、入学した時から生徒手帳の代わりに手帳を配っています。目的は、**スケジュール管理と情報処理のフレームワーク**として使うことです。現在は、手帳メー

カーFind!アクティブラーナーと共同で製作・カスタマイズしたものを使っています。多くの子どもにとって、手帳を使うことははじめての体験になるので、入学してすぐに手帳メーカーの方に手帳の付け方を教えてもらいます。

ただし、それをどう使うかは本人の自由。

手帳よりスマホがよいなら手帳を落書き帳として使ってもOK。あくまでも自分に合った学習スタイルを見つけてもらうのが目的なので、ツールの選択肢は教えますが、強制はしません。

たとえば私の手帳の使い方はこうです。フィックスしてない予定は鉛筆で書いて付箋を貼り、フィックスしたらペンで書き直して付箋を抜くルールを続けています。でもそれは長年の社会人経験で行き着いた私なりのスタイルで、部下に強制するようなものではありません。そもそも職種によって、タイムマネジメント自体がさほど重要でない人もいるはずです。手帳の授業は、あくまでもきっかけづくり。子どもたちの創意工夫の出発点にすぎません。

勉強でもスポーツでも趣味でも、**自分なりのスタイルを確立していく行為を通して、メタ認知の能力が鍛えられます。**自分の行動パターンや思考パターンなどの自己理解を起点として考えた対策、アイデア、仕組みだからこそ、その後の人生のあらゆる場面で応用が利くわけです。たとえ大人から強制されたやり方がその子に合っていたとしても、自己理解を深める機会を奪ってしまうわけで、慎重であるべきだと私は思います。

子どもの主体性を引き出すには、とにかく自分の頭で考えてもらうこと。メタ認知能力を高めるためには「できる」「できない」をガッツとか根性と紐づけさせないことが大切です。いろんな失敗をするかもしれませんが、それによって子どもは自分なりのスタイルを見つけるのです。そのときの大人の役目は、「こんなオプションもあるよ」ときっかけを与えていくにすぎません。

親ができる「学習計画」の有効なアドバイス

お子さんに手帳を買ってあげるのはすぐにできそうですが、どうやって活用させるか迷うかもしれません。そんなときにおすすめしたいのが**「学習計画」**です（もちろん、手帳にこだわるわけではありませんし、これが正解だというわけでもありません。そこは気をつけてください）。

学校で学習計画書を書かされた経験のある方もいるかもしれません。思い出してみてください。

教育現場で踏襲されている学習計画書の多くは、勉強の目標時間を先生に「宣言」するフォーマットになっています。しかし、これでは書く意味があまりありません。

計画とは本来、自分のためのものだからです。

自分の置かれた状況を俯瞰して、限られた資源のなかでいかに無駄なく目的を達成するか。その戦略を練るのが計画のはずです。

では学習における資源とは何でしょうか。それは、限られた時間です。

ですから私は、学習計画の立て方を教えるときに、子どもたちにまずこう投げかけます。

「1日は24時間しかないわけだけど、そのなかで使い道が自由な時間は、実際にどれだけあるか、わかっているかな？」

1日24時間から、「授業・部活・習い事」「移動」「睡眠・お風呂・食事」を差し引いたものが、フリーの時間です。実際に書きだしてみると、意外と時間がないことに子どもたちは驚きます。

フリーの時間が把握できたら、次に科目ごとにどんな勉強をすべきか、具体的に考えてみます。問題集を解くのか、ノートを整理するのか、教科書を繰り返し読むのか……。自分にとって最適な学びのスタイルは何か、の視点で考えてもらいます。

フリーの時間がわかっているので、子どもたちは「限られた時間でいかに効率よく勉強するか」に自然と意識が向きます。ここが大事なのです。たとえば書くことを中心とした学習スタイルは、時間と手間がかかりますが、一回の作業における理解度は深まります。一方、読むことを中心とした学習スタイルは、一回の作業における理解度は浅くなりますが、時間がかからないので何度も繰り返しできる特徴があります。どちらの学習スタイルが、自分にとって効率的なのか。経験を通して実感できるようになってこそ、本当の意味で計画を立てられる子になるのです。こうして、**子どもたちの学習生産性は**

飛躍的に高まります。

大切なのは、フリーな時間を把握し、やるべき具体的なアクションを考えるという2点。ですので、フォーマットはなんでもかまいません。ご家庭でももちろんできます。たとえばお子さんが、学業とスポーツの両立で悩んでいるときは、「じゃあ、効率を上げる方法を一緒に考えようか」と言って、計画づくりを提案してみてはいかがでしょうか。

ひとつの分野で尖った大人に育てる

親御さんの間で、非認知スキルとともに注目を浴びているのが、文部科学省を中心に進められている「多様な教育」についてでしょう。

「画一的な教育から多様な教育へのシフト」

これを合言葉に、政府はこれからのビジネス環境に合った人材を育てようと教育プログラムの見直しを進めています。小学校でのプログラミング授業もその一例。労働人口が減りつづけ、グローバル化の波が押し寄せる日本の産業界にとって、付加価値の高い人材を育てることは急務です。

しかし、いま日本が進めようとしている「多様な教育」は、当初の目的からズレてきているように見えます。「画一的な教育からの脱却」ではなく、「科目を増やして、多彩なスキルをもった人材をつくる」ように見えるのです。

世界の主流となっている「多様な教育」とは、子どもがもともともっている多様な特性に目を向け、その子に合った最適な教育を施すことで、多様な人材を育てようとしています。そこで尊重されるのは子どもの個性や流儀。**スキルの総合デパートを目指すことではありません。**

学校の教科でオール5をとれる子どもが少ないのと同じで、教えこんだことをすべて器用にこなせる子どもはめったにいません。好奇心に満ちた子どもたちから時間と主体性を奪い、その結果、すべてが中途半端になってしまったら、子どもたちがあまりにかわいそうです。

たとえば麹町中学校では2018年度から、プログラミング部にマイクロソフトで教育版マインクラフトの開発に携わった世界的プログラマーの鵜飼佑さんを顧問に迎え、アプリ開発に本気で取り組みました。麹町中学の目の前に本社があるヤフーも全面的に協力してくださり、本社の一部を活動の場に提供してくれています。そこではさまざまな企業の方々と直接的にかかわる機会もあり、子どもたちにとっては貴重な体験になっています。

いま世の中で活躍している大人は何かの領域で尖っています。尖った経験を一度でもすれば、その過程で学んだ成長のプロセスや成功体験は、別の道に進んだときにも役に立ちます。私は、**「狭めるほど広がる。広げると狭まる」**とことあるごとに言っています。社会に出た大人はそのことを痛いほどわかっているのに、子どもにはあれもこれも押し付けてしまいがちです。尖るためには多くの時間を割く必要がある。時間を割くためには「やらないこと」を決めないといけないのです。

親の悩み　AIの導入で学びはどう変わりますか?

学習スタイルの確立と学習意欲の向上につながる制度づくり。これが当校の学習メソッドの2本柱になりますが、それ以外にも、子どもたちが効率よく勉強できるための取り組みを試行錯誤しています。

学びの効率化についてはわかりやすい例があります。

麹町中学校では経済産業省の『「未来の教室」実証事業』の一環として、2018年度の2学期から数学の授業で人工知能を用いたタブレット型教材を導入しています。株式会社COMPASS《コンパス》というエドテック企業が開発した、人工知能教材「Qubena《キュビナ》」です。結論から言うと、Qubenaを導入したことで圧倒的な学習時間の短縮につながりました。

Qubenaを使った学習では一般的な授業で見られる「黒板の前に立つ数学教師」の姿はありません。生徒は各自に配布されたタブレットを立ち上げ、小さく分解された単元ごとに概念の説明を読んでから演習問題を解いていきます。生徒の進み具合は先生がもっているタブレットで逐次確認。教えるのはあくまでもQubenaで、人間の先生は子どもたちのやる気を引き出すメンター役として、そして個別の質問に答えるコーチ役として教室内を終始動きまわっています。

子どもがすでに理解していることはサクっと終わらせて、わからないことに重点を置けるのが、Qubenaの最大の特徴です。最も効率のよい学び方（最適化教育）を人工知能が自動的にすすめてくれるのです。

一般的なタブレット教材は理解度を判別する材料として「正答率」や「解答までにかかった時間」などを使いますが、Qubenaはそれだけではありません。タブレットペンで書かれる計算の過程も文字認識します。仮に計算式のなかで小数点の概念を間違えていたら、Qubenaはそこを「つまずきポイント」と認識して、改めて小数点の問題をピンポイントで出してくれるのです。

一斉授業で人間の先生がこのようなきめ細かい指導はできませんから、学習効率が高いのも当然です。数学の授業は1年間140時間ありますが、早い子は30時間ぐらいで終わっていました（逆に言うと一斉授業スタイルはそれだけの無駄を含んでいるという意味でもあります）。これを中学3年間フルで導入したら、いったいどれだけの時間が短縮できるか。楽しみです。

もうひとつQubenaを導入して気づいた大切なことは、子どもたちが日常的に教え合うようになったことです。

一見、AIの授業というと、無機質で淡々と授業が進むイメージがあるかもしれません。しかし、Qubenaを導入することで、わからないものをわかるようにするための子ども同士の学びあいが促進され、授業の風景が一変しました。

まさにアクティブラーニングそのものだったのです。

教える立場の子は思考プロセスをきちんと言語化して相手に理解してもらわないといけないわけですから、一層理解力が深まります。教わる子も、わかっていそうな人に能動的に話しかけるので、学び方を学ぶことにつながっていきます。知識を得るだけではなく、知識を得る手法を学ぶ。それを子どもに意識してもらうことにこそ価値があるのです。これは、Qubenaがきっかけとなったにすぎません。アクティブラーニングに取り組む学校は日本中にはいくらでもあるでしょう。AIでなければできない、ではなく、試みさえ工夫すれば、通常の教材でもできることなのです。

第2章

「心の教育」を疑う

しつけの本質とは?

「服装の乱れは、心の乱れ」って本当？

徹底したスパルタ。徹底した放任。バランス型。

親の数だけしつけの方針があると言っても過言ではありません。学校も同じで、いまだに軍隊組織のような厳格なルールで子どもたちを縛る学校もあれば、自由な校風をアピールする学校もあります。

麹町中学校には、細かい校則はほとんどありません。私が校長に赴任してから服装や頭髪指導もやめました。

「なぜ自由な校風を目指すのですか？」

「自由な環境であれば、子どもの自律の訓練になるからですか？」

そんな質問を受けることがありますが、そうではありません。

当校では、大事にしている概念のなかに校則がないだけです。

つまり、子どもにとって「自由であるか？　自由でないか？」という議論は、存在しなくていいのです。ここは誤解を招きやすいところなので、丁寧に解説します。

たとえば、イスラム教徒の女性はヒマールやヒジャブと呼ばれる服装をしています。それは戒律があるから従っているだけで、彼女らにとってはあたりまえの行為です。いってみれば、私たちが「普段、服を着る」のと何ら変わりはありません。着方・種類のちょっとした違いだけの話です。

世界を見渡しても、そうした文化の違いはいくらでも存在します。ただ「違っている」というそれだけです。その「違い」が「どのくらい違うか」に目を向けることは、果たして重要なのでしょうか。私たちは、教育の本質として服装や髪形、見た目の違いを取り上げて騒ぎ立てることを、重要であるとは捉えていません。

校則を減らしていくと不安がる親やOBはたくさんいらっしゃいます。とくに就任当初は、きつい叱りの言葉もいただきました。

ただ考えなければならないのは、何を教えるべきか、です。

ありがちなのは、教育の本質としてさして重要ではないことを無意味にクローズアップして、大人が「問題をつくる」ことです。そもそも問題として取り上げなければ、問題だという意識さえ生まれないのです。理屈をこねて、意識させることによって、本来教えていきたい上位概念、たとえば人権上の大切なことや、社会に出て役に立つことが、教えられなければ本末転倒です。

「服装や頭髪の乱れは心の乱れ」
「規律がないと学校が機能しない」

といった考え方はその典型。**大人が勝手につくった問題にすぎない**と私は考えています。その考えに基づいて、服装や頭髪が、結果として自由になっただけであって、自由をめざして改革をしたわけではないのです。

「ルールを守らせる」に必死な大人

私が若い教員だった頃の話をしましょう。

当時から、子どもたちを縛り付ける無意味な校則には疑問をもっていました。教育の本質から見ればどうでもいい些末なことに、教員たちが躍起になっていたからです。その結果、貴重な子どもたちの時間も労力も奪われていると感じたのです。

衝撃的だったのが、かつて在籍していた東京都の公立中学校で行われていた「置き勉禁止」の校則。土曜日の授業が終わると生徒たちは勉強道具一式を自宅に持って帰らないといけないルールが存在していました。「勉強道具を持って帰らないと週末に勉強できない。まず持って帰ることをルール化しよう」。それが学校側の理屈です。

そもそも勉強したくないならしなくてもいいのではないか。百歩譲って自宅学習を課すにしても、「すべて」の教材を持ち帰る必要がどこにあるのか。理解できませんでした。

「自分に必要な科目だけ持ち帰ればいいいんじゃないですか？　結構重たいですよ」

同僚の教師に反論しても、若手教員の言葉など聞く耳をもってもらえません。

しかもその指導は極端で、土曜日に生徒が下校したあと担任は教室をチェックするようルール化されていました。置きっぱなしの勉強道具を見つけたら段ボールに入れ、月曜の朝に生徒の前にドン！と置く。「置き勉」をした生徒を前に呼び出してみんなの前で徹底して叱るのです。

子どもたちはその場しのぎで謝りますが、当然納得しません。するとと何が起きるか。学校の共有部に教材を隠す子どもが出てきて、今度はそれを教員が探し出す……。躍起になって置き勉を探す先生たちの姿を眺めながら、私はあまりのくだらなさにあきれてしまいました。

もし教育関係者全員が教育の本質を見つめていれば、手法にバリエーションがあったとしても到達点に大きな誤差は出ないはずです。その誤差が大きいならば、教育現場によって見ているところが違うのです。

「息子が宇宙人に見える」母親の苦悩の原因とは？

私はしつけが一切不要だと言いたいわけではありません。ただ、少なくとも教育方針において**「従順さ」を最上位目的におくことは適切ではない**と考えています。その理由は子どもの発達には特性があるからです。

たとえば自閉症は周囲の大人が気づきやすい発達の特性です。

・こだわりが強い
・コミュニケーション（目を合わせるの）が苦手
・言葉が上手にしゃべれない

3つの条件が揃うと自閉症と診断されるわけですが、その子に対して「大人の言うことを聞きなさい！」と本気で叱りつける人は滅多にいないでしょう。一方で、言語能力は高いけど、やたらとこだわりが強くて、大人の言うことを聞いてくれない子の場合はどうでしょう。

「なんてわがままなんだろう。しつけでどうにかしないと」

そう思うかもしれません。でも実は、その子どもは自閉症と同じASD（自閉症スペクトラム）に分類されるアスペルガー症候群である可能性もあるのです（言語能力はあっても、コミュニケーションが苦手でこだわりが強いのがアスペルガー症候群）。

発達に特性がある子なら何をしても許されるわけではありません。やはり世の中には絶対にやってはいけないことがあるわけですから、最低限はしっかり教えていく必要があります。ただ、単に厳しく接しているだけで「しつけの行き届いた理想的な子」になるかといったら、必ずしもそうではありません。

子どもに発達の特性があるなら、それに合わせた接し方がきっとあるはずです。それなのに、**大人が従順さの物差ししか持ちあわせていないと、「大人の言うことを聞く子か、聞かない子か」の尺度だけで子どもを見てしまい、最終的に子どもも親も疲弊します。**これはあまり健全とは言えません。

日本の教育では「忍耐」「礼節」「協力」が重視される傾向があります。発達に特性のある子どもたちは、これらがみな苦手です。つまり日本の教育に馴染みにくい。すると、集団の和を乱し、自分勝手だと排除されやすくなるので注意が必要です。

最近、よく耳にするようになったADHD（注意欠陥・多動性障害）も典型的な発達の特性です。勉強や食事のときにじっと座っていられない、人の話をちゃんと聞けない、不注意によるミスが多いといった特徴があります。「注意欠陥」と言われますが、むしろ集中力がありすぎていろいろ気になってしまうのがADHDの特性です。

ASDやADHDは統計的に見ると男性に多いとわかっています。そもそも、じっとしていないのは、男の子です。赤ちゃんを抱くときに、女の子は抱きやすく、男の子はじっとしていないという経験をしたことはありませんか。一方で、男の子は非言語の形でコミュニケーションを取ることが得意、体を動かすことが大好きです。その違いは小学1年生の教室を見れば一目瞭然。机に座っていられない子は大半が男の子、女の子は黙って座っています。ままごとに象徴されるように女の子は小さいときから言語能力が高く、落ち着いて育つ子が多いからです（それゆえADHDでも気づかれにくい面もあります）。

学校現場でも、過集中の男の子は多いものですが、私もその1人です。本を読んでいるときに妻から呼び掛けられても気づかないのは日常茶飯事。シャワーを浴びながら考え事をしているときなど、髪を洗ったかどうかさえ思い出せません。

このことから、実際によくあるのが男の子のお母さんによる悩みです。自分の小さいときと比べて、息子の振る舞いがまったく理解できない。息子がまるで宇宙人のように見えるわけです。

「落ち着きがないし、すぐに暴れるし、なんでこんなに育て辛いんだろう」

ここで**「男の子はそういうものなんだ」**と素直に受け入れられないと、お母さんの中で「しつけ」のプレッシャーは肥大化します。ましてや親戚や近所、学校の先生から「ちゃんとしつけてください」などと言われようものなら大変です。

本来、極端にしつけにこだわりすぎる必要はないのです。

まず「従順さ」や「親の理想像」といった単一の定規で子どもを測ることをやめて、「いやー、うちの子は落ち着きがなくてさ。アハハ」と笑い飛ばしてしまう。それができるようになると、親も子どもも無駄に苦しむ必要がなくなります。

どこまで厳しく叱ればよいか

「従順さ」がしつけの最上位目的として不適切だとしたら、何が最上位目的なのか。

それは「大事なメッセージを伝える」だと思っています。

たとえば私がまだ若い教員だったころの話です。勤務していた中学校には生徒指導に厳しい教師がいました。その先生からある日、チクリと言われたことがあります。

「なぜ工藤先生は生徒の『踵《かかと》つぶし』を注意しないのですか！」

踵つぶしとは、靴の踵をつぶして上履きなどを履くことです。たしかにあまり行儀のよい行為とは言えないでしょう。しかし、私のなかで踵つぶしは、子どもを叱るに値しない些事であって、それを校則に明記すること自体、理解できませんでした。そもそも私は生徒と接するときは常に相手の目や表情をしっかり見るようにしているので、踵には目がいかないのです（その時は、「すみませーん」の一言で受け流しましたが）。


では、私が子どもを叱るときにいつも意識しているのは何か。

それは、**「優先順位」**です。

みなさんのご近所に、一日中、お母さんの怒鳴り声が聞こえてくるご家庭はありませんか？　私がかつて住んでいた所でも、戸がすべて閉まっているのに「だから言ったでしょう！」「なんでやってないの！」「早くしなさい！」といったお母さんの大声が連日外まで漏れてくる家庭がありました。おそらく子どもを叱るのが親の役目だと思っているのでしょう。学校でもそのような先生はたくさんいます。

しかし、先生が連日、細かなことで同じように叱ってしまうと、子どもは、本当は何が大事なのか区別がつかなくなります。「宿題を忘れた」「テストの点数が低かった」「嘘をついた」「人に嫌がらせをした」「髪を金髪に染めた」……。区別がつかないだけならまだいいのですが、叱ってばかりいると、子どもの中で先生に対する反発心が燃え上がるか、もしくは極端に大人の目を気にするようになるかのどちらかです。何もいいことはありません。

そこで、**叱る基準・しつけの優先順位を決めていけば、叱る頻度が減り、大人も子どもも不要なストレスを抱えなくてすみます。**子どもとの付き合い方もかわるでしょう。さらに**「本当にダメなこと」がはっきりと子どもに伝わるようになるので、子育て自体**

が楽になるはずです。

では、子どもに確実に伝えたい大事なメッセージとは何でしょう？　どうやって優先順位をつければいいのでしょうか？

非常に難しい問題ですよね。そもそも子どもへのメッセージが、夫婦間で合意が取れていない家庭も多いかもしれません。でも、子どもが最優先なのであれば、そこは徹底的に考え、話し合う必要があると思うのです。その場しのぎの指導方針では子どもだって迷ってしまいます。

少なくとも言えるのは、しつけの判断基準として「本に書いてあったから」「自分がそう育てられたから」「近所の家ではそうだから」といった、外の物差しを絶対的なものだと信じ込まないことです。参考にはなるでしょうが、基準とはあくまでもその子の特性や反応をつぶさに観察しながら、徐々に決めるべきものだと思うからです。

もうひとつ大事な視点としては、「何が目的か?」を常に考えるのです。

多くの大人が無意識に口にしてしまう価値観について、実際に叱る前に**「これは何を目的として子どもを叱ろうとしているんだっけ?」**と冷静に考えてみることが大事だと思います。

たとえば「嘘をつかない」しつけについて考えてみましょう。

子どもが嘘をついたら大人としては、つい「嘘をついたらダメでしょ」と言いたくなるものです。

しかし、実際には嘘といっても人を傷つけないためにつく嘘もあります。正直に話して、相手が傷つくこともあります。つまり「嘘をつかない(正直に話す)」しつけをすると、人を傷つける可能性もあるのです。「嘘をつかない(正直に話す)」と「人を傷つけない」、どちらが上位概念としてふさわしいでしょうか?

では、子どもが自己保身のために嘘をついたとします。どうですか。叱りたくなりますよね。でも、そのとき大人が子どもに伝えるべき大事なメッセージは、「嘘をつくな」ではありません。「その場しのぎが癖になると成長につながらないよ」ではないでしょ

非常識な教え 4 しつけの最上位目標を考えてみよう!

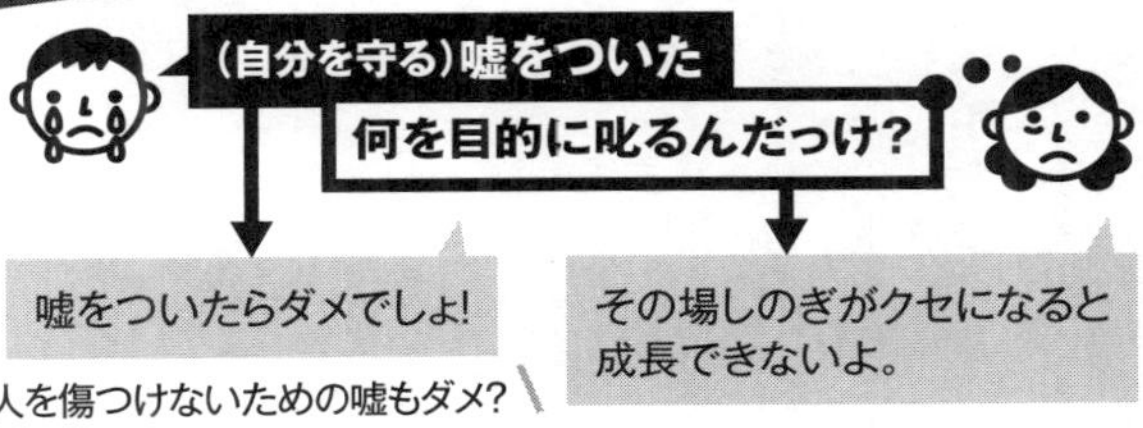

☑叱る目的を考えると上位概念がはっきりする

うか。もしメッセージが子どもに伝われば、結果的に自己保身の嘘をつかなくなるのですから。

　このように、「嘘をつかない」の価値観ひとつとっても、一見すると絶対的正義のような響きがありますが、実は最上位概念として適切ではないとわかります（ほかに伝えるべきもっと大事なメッセージがあるケースが多い、という意味です）。

　子どもは大人（とくに親）から言われた些細な言葉を額面通りに受け取って、脳内で増殖させる傾向があります。これは、しつけにおいて意識すべきことです。その結果、大人が意図せずに子どもの価値観を形成してしまいます。**言わなくてもいいことはできるだけ言わない心がけ**が重要かもしれません。

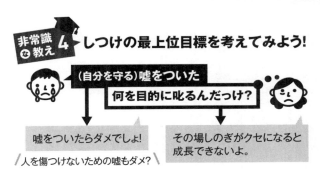

「あの子と距離を置きなさい」はダメ

自由な校風で子どもたちの自主性を重んじる教育をしている麹町中学校ですが、その中でも「絶対にやってはいけない」として子どもたちに重点的に指導していることがあります。次の2点です。

1 命に関わる危険なことはしない

2 人権的に反することはしない（犯罪・差別・いやがらせ・無視）

1の「命に関わるような危険なことをしない」は自明ですね。たとえば麹町中学校には教室の窓の外に、避難通路として使われるベランダがあります。普段、先生たちは生徒が廊下を走るくらいでは怒りません。しかし、4階のベランダの手すりにまたがっている生徒を見かけたら、烈火のごとく怒るでしょう。こうしたメリハリがあると、子どもたちは、ルールの意味を理解してくれます。

「子どもの主体性と意思ばかり尊重してしまうと、他人に迷惑をかけるワガママな子どもに育つのではないですか？」

そう心配される親御さんがたまにいらっしゃいます。勘違いされる方が多いのですが、他人に迷惑をかける行為自体が悪いわけではありません。発達に特性のある子どもは周りの助けを受けて生活をしますが、「他人に迷惑をかけるな」は彼らを否定し、気づかぬうちに「排除の言葉」になってしまう可能性があります。

「すべての子どもの学習権を保障する」という理念のもと、インクルーシブ教育に取り組んでいる大空小学校があります。

初代校長の木村泰子さんは言います。

授業中に教室から飛び出してしまった子どもに教員が「何してるの！　教室に戻りなさい」と叫ぶと、周りの子どもたちは「あの子は迷惑な子なんだ」と刷り込まれてしまうのだそうです。そうではなく、大空小学校では必ず「あの子、なんで出ていってしまったんやろ？」とみんなで考える。すると子どもたちから「あいつ、頭の中がごちゃごちゃになってしまったんやろな」と声が上がるのです。「迷惑はかけるな」という言葉でひとまとめにせずに、子どもに考えさせる指導の大切さを感じます。

実は、ワガママな子に育つ可能性が高いのは「社会性の教育なき放任主義」の場合です。もし子どもの自由を尊重してあげたいのであれば、「世界はあなた1人のものではなくて、みんなで共存している。自分がやりたいことであっても、結果として他人の自由を尊重できないのであれば、それは価値がない」と小さいときからずっと言い続けることが大切だと思います。

これが、2の「人権的に反することはしない」につながります。明らかな反社会的行為だけでなく、他人を排除する行為、「犯罪・差別・いやがらせ・無視」があります。

「昔はヤンチャをしていました」

そう自慢げに語る芸能人と、それを見て「格好いい！」と評価してしまう世間に私は違和感を覚えます。公の場に出る人であれば、「自分の過去を後悔しているし、迷惑をかけた人たちに謝りたい」とはっきり言い切るべきです。ましてや「当時の経験がいまの自分に役立っている」と大の大人が言ってはいけない。自分の経験を深めるために、他人の自由を侵すことがあってはいけないとしっかり教えるのが大人の役割ではないでしょうか。

もちろん人間ですから道を誤ることもあるでしょう。しかしそこから本気で更生するには、罪の重さを痛感し、自省するしかないと思うのです。にもかかわらず、周囲が「親とうまくいっていなかったらしょうがないよね」「たまたま付き合った友人がワルだったから」といった言い訳を用意しがちです。この発想に共通しているのは、**反社会的行為を「人のせい・環境のせい」にしている**のです。

思春期を迎えたお子さんを持つ親としては子どもの交友関係は気になるでしょう。子どもの親友が不良グループに入ってしまって、自分の子どもが影響されないか心配だというケースも耳にします。そんなときであってもできれば「○○くんと距離を置きなさい」と言わずに、どっしりかまえていたいものです。

子どもが、友だちを排除しないのはとても大事なこと。一方で、友達が悪いことをしてしまったときに、友達関係を維持することと、悪いことに加担しないことではどちらが大事か、ぶれずに選択するのが親の役目です。もちろん簡単ではありませんが、とても大事なことなのです。

「心の教育」が席を譲らない社会をつくった?

私は電車でお年寄りや体が不自由な方が目に入ったら、すぐに座席を譲ります。でも、それは自分の心が優しいからだと自信をもって言えるような人間ではありません。「ここで席を譲らないと教育者として立つ瀬がない」という自己保身のために譲っている可能性だってあります。

実は、私が子どものころ電車やバスで高齢者に席を譲る行為は当たり前すぎる光景でした。でも、残念なことにいまではなかなか見なくなりました。「スマホに夢中になって周囲を見る余裕がないから」はおそらく理由ではありません。

席を譲らない人が増えたきっかけ、なんだと思いますか?

それは教育現場に「心の教育」が入ってきたからです。昔の教育やしつけは「良い行い（行動の教育）」にフォーカスを合わせていました。だから多くの人は条件反射的に良い行いをしていた。しかし、皮肉なことに「良い心」にこだわる人が増えるにつれ、「良い行い」をする人が減っていったのです。

「どういうこと？」と思われるかもしれません。

その理由は簡単に説明できます。

「良い心」にこだわるとは、「心と行動が一致した状態」を求めます。もし**「良い行い」をしてもそこに「良い心」がなかったら、それは「偽善」になってしまう**のです。電車で老人を見かけても席を譲らない人たちのなかには、周囲から「偽善者」と見られるのが怖いから席を譲れない人もいるでしょう。

しかし、孔子の言葉の通り、「心と行動が一致した状態」はそもそもレベルの高い状態です。心の澄み切ったピュアな人間などほとんどいません。できもしないことを理想像に掲げて、それに振り回されているのが私たちなのです。

「善意は行動で示す」が世界の常識です。たとえばアメリカだったら高い地位にある人がボランティアや寄付をしなかったら批判されます。逆に日本では実業家が多額の寄付をしようものなら「偽善者！」「売名行為だ」「節税対策だろう」といった批判的な声が少なからず聞こえてきます。

中学校でもボランティアに参加した子どもたちに対して「どうせ内申書のためでしょ」と陰口を言う子どももいます。良い行いをした事実を無視して、心の問題を言うわけです。

近年では外国籍の生徒も増えてきたことで学校でも人権教育の一環として「差別はダメだ」としきりに教わります。もちろん差別は許されません。でも、小さいときから「心と行動が一致した状態じゃないといけない」と信じこんでいる子どもたちは、そこで混乱するのです。差別はダメだとわかっていても、心のなかで差別をしてしまう自分がいる、これはどう考えればよいのだろう、と。

そんなとき、私は子どもに対して、現実をはっきり伝えます。

「人間の心はしょせん未熟だから、誰かを差別してしまう心は消せないかもしれないよ」

そのうえで、伝えるべきはちゃんと伝えないといけません。

「どういう行為や発言が、差別なのかを知ることさえできれば、差別的な言葉をぶつけたり、態度をとったりしないのは、誰でもできるよね」

差別をしないとは知識と技能です。心の在り方ではありません。まず知ることさえできれば、やらないことは誰にでもできるのです。

先生だって未熟である

最近はどうかわかりませんが、少なくとも昔は「校長先生は人格者である」といったイメージが根強くありました。実際、多くの校長先生は自ら襟を正し、人格者として振る舞おうと努力しています。ただ、心のなかまで人格者なのかと問われたら、それはあまりに期待しすぎ。校長も所詮は人間です。

恥ずかしい話なのでいうのもはばかられるのですが、先日、駅のエスカレーターでこんなことがありました。私がエスカレーターの右側に寄って立っていたときです。後方から人が上がってくる気配がしたのですぐさま左に避けました。「ごめんなさい」と言

いながら道をあけたのですが、後方からやってきた若者がすれ違いざまにひとこと、

「邪魔……」と言い捨てたのです。

もともと短気な性格ですから、一瞬で頭に血が上りました。

もちろん実際には何もしません。「怒りの感情なんてすぐに収まる。落ち着け。こんな若造のためにイラつくなんてバカバカしいぞ」と言い聞かせて、冷静になろうと努めるだけです。60年近く生きていればそれくらいのことはできます。

ただ、こういう場面に出くわすたびに私がいつも思い出すのは、論語で有名な「吾十有五にして学に志し」からはじまる節です。

孔子いわく、心の思うまま行動しても人の道から外れなくなったのは70歳をすぎてからだ（七十にして心の欲する所に従いて矩を踰えず）。あと10年でその境地にいける自信はまったくありません。人の心は所詮未熟なのです。未熟で道を外しやすいのだから、意識的に良い行動をしましょうと孔子は弟子たちに伝えたかったのです。

子どものしつけや道徳教育も同じです。私がいつも意識しているのは、変えるべきは

子どもの行動。マインド（心）を変えるのは簡単なことではないのです。

4歳の息子にかけてしまった「優しい人に」圧力

実は息子がまだ4歳だったころ、工藤家でも似たようなことがありました。

私の妻は、結婚する前はメーカーで設計に携わっていました。私から見た妻は、とても温かい人で、専業主婦として山形に引っ越したときも「何もできませんから教えてください」と近隣住民の方々とお付き合いができるような女性です。手前味噌ですが、そんな妻に育てられた子どもたちなので、息子たちも温かみのある優しい子どもに育っていました。

そんなある日のこと。当時4歳だった下の息子が突然、幼稚園に行きたくないと言い始めました。直感的に「これは嫌いな子ができて、それが許せないのだろう」と思いました。

妻にも幼稚園の先生にも「優しい人間になりなさい」と言われながら育っていますし、

下の息子は体が大きくて力持ちだったので私も息子に対して「君が周りの子に手を出してしまうと怪我をさせちゃうから、優しくしてね」といつも教えていました。そういう言葉が積み重なって、いつのまにか「心の教育」をしていたのだと思います。

そこで私は息子と話をしてみました。そのときに使ったのは、道徳の授業の教材、五味太郎さんの『じょうぶな頭とかしこい体になるために』（ブロンズ新社）です。

「ちょっと難しい絵本だから君にはわからないかもしれないけど、ちょっと一緒にみてほしい本があるんだ」

そう言って話を始めました。

「ここに出てくる男の子は、別の男の子とどうしても仲良くなれないんだと書いてあるんだけどね。実は、お父さんも君にいわないといけないことがあるんだ。お父さんもね、嫌いな人がいるんだよ」

予感は的中しました。「え？　お父さん、嫌いな人いるの？」と驚く息子。

「いるよ。お母さんも嫌いな人いるんだよ」

「え、えっ？　お母さんも⁉」

ますますびっくりする息子に対して、続けてこういいました。

「でもね。お父さんもお母さんも嫌いな人はいるけど、その人にいじわるはしないよ。ちゃんと挨拶もするし、普通に一緒に仕事をしたりするんだよ。だから、君も嫌いな人がいてもいいんだ。その子に嫌なことをしなければいいだけだから。別に無理に優しくできなくてもいいから」

すると息子は安堵の表情に変わり、幼稚園に通い始めました。

ちなみに今の話は生徒たちにもよくしますし、全校集会で話したこともあります。心のなかは変えられないから、私のように年をとっても嫌いな人はいる。でも嫌いな人にいじわるしたいとは思わないし、いじわるしたら恥ずかしいと思う、といった話をするのです。反応は私の息子とだいたい同じで、「え？　そういうものなの？」という表情をする子が大半です。

もちろん、こういう話をすると子どもたちが「じゃあ先生は仮面をかぶって私たちと接しているのかな」と疑いの目を向ける可能性をはらんでいますが、そうかといって**「みんなと仲良くしような」と理想論だけを語って子どもを欺くのもどうかと思う**のです（このあたりについては第3章でまた触れます）。

「忍耐」を盲信しない

日本の教育現場で根強い心の教育といえば「忍耐」があります。私たちにとって馴染み深い美徳のひとつでもありますが、当校では学校の目標にこの言葉は一切掲げていません。

私自身は古い教育を受けてきた人間なので学校に限らずさまざまな場面で「忍耐が大事だ」と言われて育ちました。それは私のなかに染み付いていますし、息子たちに対しても「すぐに弱音を吐くな」といった教訓めいたことをまったくいわなかったかといったら嘘になります。

ただし、子どもが全員、忍耐力を身につけるべきかと問われたら、そうは思いません。**本当に理不尽を強制されてひたすら耐え忍ぶことと、自分で考えて自分で責任をとることを天秤にかけたら、やはり後者が大事**だと思うからです。

自分自身を振り返ると、私は中学1年生のときに野球部に入って数週間で辞めた経験があります。上級生の理不尽なしごきに腹が立ったのも大きいですが、何より納得できなかったのは、練習をさせてもらえないことでした。ひたすら球拾いと、意味のない声出し。こんなくだらないことを我慢してまで野球部にいる合理的な理由が見つからない。元来、人から何かを強制されるのが大嫌いな性分だったのです。

続けられないのはだらしないからじゃないか。

そんな葛藤もありました。だから、辞めると言って2年上の先輩に殴られたときは、正直ほっとしました。これでようやく辞められると思えたからです。

辞めた直後、自分が格好悪く感じることもありました。学校に行けば野球部が練習している光景が見えるわけですし、同級生たちが放課後にグラウンドに向かう姿を否が応でも見るわけです。しかも、1年間のしごきに耐えた同級生たちはその後どんどん上手くなって、県大会の上位に進出するようになりました。

それでも羨望や後悔の感情が湧いたかというと、まったくありません。

忍耐よりも、自分で考え、行動する自律の方が私にとって大事だったからです。のちに野球部の顧問になって教える立場になったとき、部員全員が野球を楽しめるにはどうすればいいか、真剣に考えました。

親のジレンマ　しつけが甘いと忍耐のない大人になるのでは？

「そうは言っても、子どものときに忍耐力を鍛えておかないと、ちょっとした困難に直面してすぐに逃げだしたり、ストレスに負けてしまう人になってしまうのではないか。社会に出たら、忍耐も必要だろう」

そう心配される方も多いかと思います。私も若い頃はそう思っていました。ストレスに強くなるためには忍耐ができる人間にならないといけないのだと。

しかし、社会に出て、子どもたちと触れ合っていくなかで、「ストレス耐性＝忍耐力と本当に言い切っていいのだろうか？」と思うようになりました。ストレスを感じる状況を耐え忍ぶ「受け身」の発想ではなく、自ら働きかけてストレスを減らしていける能力のほうが大事ではないかと考えるようになったのです。

十年ほど前に、それを見事に言語化している本に出合いました。『コンピテンシー面接マニュアル』（弘文堂）という本で、採用面接や部下との面談において相手のコンピテンシー（高い効果につながる行動特性）を読み取るための質問が紹介されています。そのなかで相手の「ストレス対応力」を見極める方法が書いてあったのです。

その本によると、人はストレス下に置かれたときに積極的コーピングをとるタイプと消極的コーピングをとるタイプにわかれるそうです。

消極的コーピングとは、ストレスを抱えたときに別の手段でそれを発散しようとするタイプのこと。居酒屋で上司の悪口をいったり、現実を忘れるために映画で気分転換をしたりする行為がこれに当たります。消極的コーピングに共通するのは、**ストレスの原**

因となっている問題はノータッチのまま放置していることです。

一方の**積極的コーピング**は主体的に問題を解決する姿勢。私がストレス状態にある子どもにアドバイスするなら、こうです。

まず自分が何に悩んでいるかを洗い出します。次に自分が解決できることと、できないことをわける。そして、できることに関しては順番をつけて課題解決していきます。自分では解決できないことは、他者に働きかけます。ここで相談の仕方にも方法があります。相談すれば、誰でもいいというものではないからです。問題を解決できる人に相談すること、つまり相手を見分けることが大事なのです。その上で、知らない人であれば、知人に紹介してもらうなどのアプローチをとります。

普段から**積極的コーピングをとっている人間ほどストレスに強く**、**消極的コーピングばかりとっている人ほどストレスに弱い**のだそうです。私もこの本を参考にして部下がどちらのタイプなのか見極め、消極的コーピング一辺倒の部下に対しては課題解決のスキルを少しずつ教えるようにしています。

非常識な教え 5 積極的コーピングと消極的コーピング

コーピングの種類	行動特性	心理的ストレス反応に対する影響
積極的コーピング	●積極的に問題を解決する ●他者へ相談する	これらの具体的な行動をすることで、心理的ストレス反応は軽くなります
消極的コーピング	●問題を放置する ●我慢する	これらの具体的な行動をすることで、心理的ストレス反応は重くなります

体育会系の部活で強烈なしごきに耐えてきた人は、忍耐力があるので消極的コーピングだけで過ごしても普通の人よりはストレスに耐えられます。いまだに体育会系出身者を優先して採用する大企業がありますが、それだけストレスの多い職場なのでしょう。

しかしいくら忍耐力を鍛えるといっても、人間ですから限界があります。本当に問題なのはストレスが限界を超えてしまうときで、人のメンタルはいとも簡単に壊れてしまうわけです。

先行きが不透明な時代だからこそ、お子さんにはたくましく育ってほしいと思うのが親心。そのとき、「忍耐力」や「我慢強さ」といった精神論（心の教育）に偏るのではなく、積極的コーピング力、つまり主体的に働きかけて課題を解決していく力にも目を向けてほしいのです。

親のジレンマ 兄弟で叱り方を変えてもよいか?

子どもを叱るにはコツがいります。叱りすぎて自己肯定感を失わせては元も子もありません。叱り方には、贔屓《ひいき》がある。私が学級担任時代に心がけていた叱り方の作法を紹介しましょう。

私は同じ内容であっても、A君には叱って、B君には叱らないときがあります。同じ基準で、A君とB君を叱っていれば、一見すると「平等に扱っている」ように見えるかもしれません。しかし、そうすると普段から叱られている子どもと私は、1日中、「叱る人と叱られる人」の関係性が続いてしまいます。これではその子のなかで自己否定と大人への不信感が募るばかりで、いいことはありません。**あえて個々の生徒に対して叱る「基準」を変える**のです。

子どもたちは大人の様子をしっかり観察しています。私がそのような「調整」をすると、叱られたA君は反論することもあります。

「先生ズルい！　B君を贔屓している！」

そんなとき、私はいまの話をそのまま子どもに伝えます。

「いやぁ、僕は君とB君は同じように大事だよ。でも君に叱る基準でB君を叱っていたら、朝から晩までB君を叱らなきゃいけなくなる。君はB君が朝から晩まで叱られてほしいかい？　僕は君たちを同じように大事にしているからこそ、叱り方を変えるようにしているんだ。それを贔屓と言うなら贔屓でもいいけど、本当に贔屓だと思う？」

ここまで言うと誰も贔屓だと言わなくなります。

ご家庭でもこのようなケースはよくあると思います。たとえばお子さんが2人いたら、2人に対してまったく同じ叱り方をすることはあまりないはずです。すると一方が「なんで弟には甘いんだ」などと不信感を抱く可能性があります。

そのときに親としてはまず**「2人とも同じように大事にしている」としっかり伝えるのが重要**です。日本には「言わなくてもわかる文化」があるとはいえ、人は言語で物事を考えるわけですから、言語化して伝えないと不信感は完全に拭えないと思います。

とはいえ、子どもに応じて叱り方を変えているならまだマシです。長年、教育現場を見てきて一番問題だと感じているのは、いわゆる「熱血指導タイプ」の先生たちが「差別をしてはいけない」や「贔屓をしてはいけない」の言葉に振り回されて、「子どもの扱いを区別する」のに臆病になっていることです。

たしかに差別はよくありません。しかし、差別と区別は本来、別物です。「不当な区別」を差別と言うのです。そういう先生はたいてい1日中、誰かしらを叱っています。挙句の果てに同僚の先生に対しても「なんでみなさんも叱らないんですか？　みんなで徹底的に叱らないから問題児が減らないんですよ！」と言い出します。本人は「子どもたちのため」なのでしょうが、残念ながら子どもたちに与える負のインパクトが軽視されているといわざるを得ないのです。

ゲームに没頭する子への声のかけ方

「子どもたちがゲームや YouTube に熱中してばかりです。いくらそれが学びにつながると理解していても、ずっとやらせるのは親としてどうなのかと不安になってしまいます」

これはよくある相談です。子どもの個性や興味・関心を尊重するといっても、家庭内ルールがないと収拾がつかない場合もあるかもしれません。

私の考えでは、基本的に中学生くらいになれば、タイムマネジメントの概念ややり方さえ教えれば、試行錯誤をしながら自分でルールを決めていけるようになると思っています。ただ、必ずしも自制心がある子どもばかりではありませんし、小学生以下の子どもはある程度、親が軌道修正をしていく必要があるでしょう。

ただそんなときでも、**一方的に親がルールを決めて子どもに強制するのは避けたほうがいい**と思います。なんども言いますが、親の言いなりでは子どもが自律性や主体性を身につける機会がどんどん奪われていきますし、親に対する反発心が生まれるリスクがあるからです。

一番いい解決方法は、親子で話し合いの場を設けること。そして、親から条件をいくつか提示して、最終的に子どもに選ばせる形をとること。これがポイントです。

話し合いの場を設けると、子どもの要望を聞く姿勢を見せられますし、実際に親の意向が反映されたルールであっても、子どもが自分で決めたことになります。「親から命令されたこと」と「自分で決めたこと」では、子どもの受け止め方がまったく違うのです。

どうしても約束を守らない子にはアプローチを変える

できるだけ対立が起きないようにルールを決めたとしても、子どもが従ってくれないこともあるでしょう。そこでつい声を荒らげて叱ってしまい、その結果、子どもがパニックになったり逆ギレをしたりするくらいなら、声を荒らげて叱るアプローチをいったん忘れてみるべきです。

これは教育の世界で**「解決志向アプローチ」**ないし**「ブリーフセラピー（短期療法）」**

と言われるものです。「これかな？」と思われる対処法を試したら、その都度子どものの反応をじっくり見る。もしうまくいっていないなら、できるだけ早く別のアプローチを試す。いい変化が見られたら続けてみる、という指導法です。一見すると場当たり的で非効率のように見えるかもしれませんが、これが意外と役に立つのです。

陥りがちな現象としては、親も先生も問題を抱えている子を目の前にすると、「自分がいま気づいていない原因がどこかにあるのだろう」と考えがちです。原因を探し出し、それを解消をしていこうとする「原因追究型のアプローチ」が一般的です。

でも、実はそれによって事態がよくなることはあまりないと言われています。

なぜなら、仮に原因のひとつが見つかったとしても、子どもの精神状態はいろいろな要素が複雑に絡みあっているからです。すべてを特定して解決するのはおそらく無理な話ですし、その間、子どもは放置されたままです。

であれば、とりあえず因果関係やロジックをいったん無視して、とにかく子どもに対する直接的なソリューション（態度やものの言い方など）を試してみることです。

たとえば朝、子どもを起こしに行ったら「うるせえよ」と怒鳴られたので、「親に向かってうるせえとは何よ！」と怒ったとしましょう。

こんな衝突を毎日繰り返していても、事態は改善しません。これは子育てに限った話ではありませんが、事態が深刻化していくときは何かしら悪循環にはまっていて、その枠組み（フレーム）を壊す作業が大事であることが多いのです。たとえば、こんな方法はどうでしょう？

いつものように「ふざけんな」と言われた。すると親が、胸を押さえて苦しそうな顔をしながら、

「ウー！　苦しい！　耐えられなーい！」

と言いながら部屋を出ていく。すると子どもは予想外の反応にびっくりします。こういうことを試し試しやっていくと、勝手に問題が解決することがよくあるのです。これを、**リフレーミング**といいます。

つまり、怒鳴っても子どもに変化が現れないならその行為はとらないほうがいい。やっ

て効果がないものはやめる。やって変化があるものは続ける。それがブリーフセラピーの基本です。

不登校の子の親にかける一言

こうした解決志向アプローチやリフレーミングが効果的なのが、子どもが不登校になったときです。なぜなら不登校になっている状態は、たまたまいろいろな要因が重なって悪循環が起き、親も子どももあるフレームにはまり込んでしまった状態だからです。

生徒が不登校になったとき、私が最初にやるのはご両親としっかり話をすることです。一人親ではない限り、必ずお父さんとお母さんの両者を交えて話し合います。フレームの中心は家族間の関係性なので、両者と話をしないとあまり意味がありません。

そもそも子どもが不登校になる理由は、山ほどあります。それなのに、親は何か親の側に問題があったと思いこんで、反省したような態度をとるようになります。直接「私たちが悪かった」と謝らなくても、伝わります。すると子どもは「やっぱり親のせいなんだ」と思いこむ。この時点でフレームはほぼ完成します。

その後、親の態度が変わって、腫れ物にでも触るような感じで優しい言葉を言うようになっても、子どもは見透かします。自分が原因で親が口喧嘩をしているのを耳にしたり、関係がギクシャクしているのを察知したらフレームはますます強固になります。子どものセンサーは親が想像する以上に敏感なのです。

では、一体どうしたらよいか。

私は両親に対して、真っ先に**「お二人のせいではないですからね」**とはっきり言います。

「いろいろ悩まれていると思いますが、子どもが不登校になるのはいろんな環境要因が複雑に絡み合ってたまたま起きることです。不登校の原因追究をしたときに、よく取り上げられる親の育て方、叱りすぎ（もしくは甘やかしすぎ）で考えてみましょう。たとえばお父さんが叱りすぎた、お母さんが叱りすぎた、もしくは両方叱りすぎたのが原因だと思っている方がいますが、そんな家庭なんていっぱいあります。叱りすぎた家庭でもしっかり育っている子は山ほどいます。子どもと自分たちの子育てを紐づけるのはやめましょう。たまたま起きたボタンの掛け違いですよ」

時間をかけてそれができたらセカンドステップ。

不登校になったところでたいした問題ではないと理解してもらう必要があります。そして子どもに対してもそれをしっかり意識させることです。この話をすると多くの親御さんは驚かれるのですが、実はいまの都立高校の入試制度では、不登校だった子どもが不利になる仕組みはどこにもありません。昔は不利になる制度でしたが、いまは本当にたいした問題ではないのです。

もちろん、大半の方は「話はわかったけど、100%腹落ちしたかと言われると自信がない」とおっしゃいます。大事なお子さんのことですからそれはそうでしょう。そういう方にはこう言います。

「心の中は変わらなくていいんです。でも言葉と行動だけは変えてください」

ここが大事なポイントです。心を変えるのは簡単にできることではありません。しかし、**言葉と行動を変えようと繰り返し意識し続けていると、自分そのものが変わっていく**のです。これは脳科学的に、言葉を変えることで脳の回路ができ、無意識が書き換えられると言われています。

たとえば子どもが親からこんなふうに声をかけられたらどうでしょう。

「高校行けとかいろいろ言ったけどさ、冷静に考えてみるとどうでもいい話だったよね。学校も行かなくていい。しっかりこれまで通り支えていくから心配しないで」

子どもはオヤッと思いますよね。

最初のうちは「どうせ口だけだろう」と思うでしょう。でも、親の様子を見ていると、お父さんは趣味のゴルフを再開したし、お母さんも友だちと遊びに行く機会が増えた。両親が楽しそうに会話をしているのも聞こえてくる。こうして、フレームはガラガラと音を立てて崩れていきます。

学校に行かないことを問題にしないで、それ以外のことでしっかりつき合えばよいのです。それさえできれば子どもはフレームがなくなって闘う相手がいなくなるので、自分と向き合うしかなくなります。予期せぬ転換に戸惑うかもしれませんが、そのうちに「自分でなんとかしなきゃ」と思うのです。

ここで唯一気をつけたいのは、**子どもに「自分は見捨てられた」と思わせないこと。**たとえば、「勝手にしなさい」「好きにしなさい」「高校なんて行かなくていい」は一番言ってはいけない言葉です。親としては、好きにしていいよと思って口にした言葉でも、子どもに伝わるメッセージは異なります。「お前なんか知らない」に聞こえるのです。

子どもの「理想の線」を消してあげる

親はいつまでも子どもの側に寄り添っているわけにもいきません。だからこそ子どもが独り立ちしたときに幸せな人生を歩んでほしいと願うわけです。では幸せや不幸とは何でしょうか。実は人によって解釈はバラバラです。

ただ、ひとつ言えるのは、人が「自分は幸せだ」「自分は不幸だ」と感じるとき、そこには比較対象があるのです。

とくにその対象が際立つのが不幸の感情のとき。自分の頭のなかに**「理想の線」がピッと引いてあって、その基準に満たない自分を憂いたり、基準に満たない環境を批判したりする**わけです。


しかし、この「理想の線」は可変です。可変どころか実はそもそも不要なものもたくさんあります。「年収」「学歴」「世間体」「承認欲求」「外見」「毛髪量」「友だちの数」……。人によっていろいろな「理想の線」があるわけですが、それをたくさん持っている人ほど不幸やストレスを感じやすいのです。

だから大人が幸せになる方法は簡単。「理想の線」の断捨離をするだけ。問題なのは子どもたちです。子どもも当然、「理想の線」を持っているわけですが、それは親や周囲の大人から植えつけられたものだからです。

私の家では夫婦の間で「子どもが転んでも何事もなかったかのように振る舞う」を決

まりごとにしていました。助けない、慌てない。満面の笑みで子どもを見ることを徹底していると、面白いもので子どもは泣きません。転んだのは悲しいことではないと、周囲の反応を見て感じ取るからです。

ここで優しいお母さんほどすぐに駆けつけて、「大丈夫？　痛くない？」と子どもを慰めようとします。しかし子どもはお母さんの普段とは違う反応を察知して、「自分はいま不幸なんだ」と感じて泣くこともあるのです。不幸の線をわざわざ大人が植えつける必要はないはずです。

たとえば教育熱心で、小さいときから「偏差値の高い大学に行け！」と言い続けている親がいるとします。親の考える「学歴」の理想線を子どもに植えつけて、その線を超えなさいと言うわけですね。子どもも期待に応えようと頑張ります。しかし勉強が得意ではない子も当然います。そんな子は毎日、自己否定とストレスを抱えて過ごさないといけません。それこそ不幸ではないでしょうか。

「子どもに幸せに育ってもらいたい」

そう願うなら、理想の線の引き方を変える手伝いをしてみてはいかがでしょうか。「変える」といっても理想を下げるという意味ではありません。違った角度でものを見るということです。身近な例でいえば、息子が小さかった頃に一緒におもちゃを買いに行ったときのことがあります。

「あ、これA君が持ってるやつだ！」
「欲しかったやつがあった！」
「あ、これ新作が出てる！」

子どもたちは大騒ぎ。ただ、その日、息子は2つのおもちゃで最後まで悩んでいました。「ひとつだけ」と伝えていたので無理やり、ひとつをあきらめてもらいました。すると、お店を出るときの表情が暗いのです。

私は息子に「嬉しくないの？」と尋ねます。すると案の定、不貞腐れています。

「○○も欲しかったのに買ってくれなかった……」。そこで私はこう言いました。

「このお店に来る前のことを考えようか。君の手にはおもちゃがなかったよね。いまはどうだろう。1個増えているよね。しかも欲しかったおもちゃがあるよね。じゃあね、何もなかったのが1個増えたことを良かったなと思うのと、2個もらえなかったから悲しいなと思うのと、君はどっちを選ぶ？」

幸せは解釈次第であると伝えたかったのです。

息子はまだ3歳くらいだったのでどこまで理解してくれるか正直わかりませんでしたが、どうやらちゃんとわかってくれたようです。それ以来、何かを買ってもらったら素直に喜べるようになりました。もしかすると、子どもなりに気を遣って、喜んでいるふりをしているのかもしれませんが。

そもそも**子どものなかに、理想の線をつくらせない作業もときに大切です。**

よくあるのは子どもが両親に対して「理想のお父さん像」「理想のお母さん像」「理想の家庭像」を思い描いて、そのギャップに対して不満に感じるパターンです。

「Aちゃんのママは料理がすごく上手でお弁当も超かわいい」

「Bくんのパパはサッカーが上手で休みの日にいつも遊んでくれる」

「Cくんの家族は毎年、海外旅行に行っている」

こんなことを子どもから言われて困った経験のある方も多いでしょう。

私もありました。中学校の教員は部活対応があるので基本的に長時間勤務。休日もあまり家にいません。父親がかまってくれない息子たちも不満だったのでしょう。他のお父さんを引き合いに出してきたので、私は息子たちにこう言いました。

「へー、そんな素敵なお父さんもいるんだね。でも、君たちがいくら理想のお父さん像を求めてもなれないものはなれないんだよな。困ったもんだね、アハハ」

深刻な顔で言わないのがポイントです。子どもがいつの間にかつくった幸・不幸の線引きを消す効果的な方法は、笑い飛ばしてしまうことです。

もちろん、これは言い訳にすぎません。私のなかでは父親としての理想の線はあって、子どもたちの期待にできるだけ応える努力は続けます。でも、現実問題できていないなら、子どもたちにその理想の線をいったん忘れてもらうのがいいと思っただけです。そこで**暗い表情をして「至らないお父さんでごめんね」と言おうものなら、子どものなかで理想の線が確定してしまいます。**そこは多少のごまかしでも笑い飛ばす。そして、「自分は不幸だ」と感じていたのはたいした問題ではないと、気づいてもらうことのほうを優先するのです。

親の悩み 子どもが発達障害の疑い。授業についていけないと心配です

私が、日本の教育現場が1日も早く「多様化教育」に舵を切ってほしいと願う理由は、私たち人間に遺伝子的な振れ幅があるからです。

会話は苦手でも絵が上手な子、数学は苦手でも体育だけ突出して得意な子……などそれらはすべて個性であり、その子の能力です。教育の基本は、こうした子どもの潜在能力を最大限に引き出すことではないでしょうか。

周囲の大人が「この子は大人になったときにどんな姿で生きているか？」と想像して、そこから逆算して「何を学んでもらうか」「どう学んでもらうか」を考えぬき、子どもに合った最適な「カリキュラム」と「学習方法」を提供する。それが学校の存在意義であるとすら思っています。

残念ながらいまの日本の教育現場では「カリキュラム」と「学習方法」が非常に画一的な形で提供されています。これらの問題点は、たまたまそこにはまらない子どもたちの可能性を潰してしまうことです。

たとえば読み書きができない学習障害を、ディスレクシアと言いますが、彼らは今の日本の教育制度では高校に行けません。IQの物差しでディスクレシアの子を測ってしまうと、最低ランクとして評価されてしまうからです。会話は普通にできる、突出した能力を持っている。それでもIQテストをしてしまうと周囲の大人が「ああ、この子は発達障害なんだ」と結論づけてしまうのです。

しかし世の中には読み書きが苦手でも、社会で大活躍している大人はたくさんいます。宇宙旅行を手がける実業家のリチャード・ブランソン（ヴァージングループ創業者）、世界屈指の映画監督スティーブン・スピルバーグ、ハリウッドの大スター、トム・クルーズ。ご存じでしょうか。彼らは皆、ディスレクシアです。

たまたま授業に合わないだけ

先日、慶應義塾大学の医師が書かれた本を読んでいて驚いたことがあります。その医師がハーバード大学に留学していたときの担当教授（世界的に有名な医師）が、ディスレクシアだったのです。

その女性医師は自分で論文などを読めないので、秘書が代読してくれるそうです。「耳から入る情報だけで頭にインプットできるのか？」と思うかもしれませんが、ディスレクシアの人の脳は読み書きの能力が弱い分、聞く・話す能力が強化されていきます。実際この医師も、小さなときから親御さんから読み聞かせをされて育ったそうで、その結果、耳から入ってくる情報の定着化が人よりも得意なのです。

「果たしてこの医師が日本の教育制度のなかで育っていたらどうなっていたのだろう」

私はこの医師の話を聞いた時に、そう考えざるを得ませんでした。学校や行政が、一方的に「君はこっちね」といって特別支援クラスに入れていた可能性も否定できません。

この女性医師の例のように、得意なものを伸ばすことで苦手なものをフォローする能力開発の考え方が当たり前にならないと、「子どもの潜在能力を最大限に引き出す」教育の理想は実現しません。

そのためにすべきなのは、まず発達障害に対する認識を改めることです。ディスレクシア、ＡＤＨＤ、アスペルガー症候群。世間で発達障害と言われている症状は、つまり個性です。だから私は本書でも障害とは言わずに、特性という言葉をできるだけ使うようにしています。

能力は高いのに発達に特性があり、たまたま学校の勉強が合わずに、親の期待に応えられず、苦しんでいる子どもは本当にたくさんいます。

「親は一流大学に行けと言うけど、俺は父親みたいに頭がよくない」と言って、自己否定に走る子もいますし、「この子はいますぐ海外に行ったほうが幸せになりそうだな」と思う子もいっぱいいます（もちろん気安くは言えませんが）。

もしくは発達に特性があって、大人とは会話ができるのに同世代とうまくコミュニケーションが取れない子どももたくさんいます。すると親も不安になって相談にこられるのですが、私はたいていこう答えます。

「お子さんは僕とは普通にしゃべりますよ。いまはたまたま友だちとのコミュニケーションが苦手な時期かもしれませんが、社会に出たら関係ありません。むしろお子さんに『君はコミュニケーションが苦手だ』と刷り込む方が心配です」

芸能人のタモリさんは小さいころこだわりが強い子どもで、同世代の子たちと「みんな仲良く」なんてバカバカしいと考えていた節があります。「小学校に入ったら『友だち100人できるかな』って、そんなことで人生決めるんじゃないよ」と述べているくらいです。でもいまのタモリさんを見て「コミュニケーション能力がない」「空気が読めない」と考える人はいませんよね。

私は、よく生徒を東大の先端科学技術研究センターの中邑賢龍教授の研究室へ連れていき、相談に乗ってもらいます。中邑教授は最先端テクノロジーを使って人間の能力を支援する「人間支援工学」の専門家で、学校に馴染めない発達に特性のある子どもたちを支援する「異才発掘プロジェクト」の中心メンバーです。中邑教授の基本スタンスとは、「学びは目的ありき。問題解決をするときに必要な知識や技能を覚えたりすればいい」

ディスレクシアだったら学校の勉強を無理にする必要はない。スマホを使って自分の好きなものを勉強していればいい。そんな痛快なアドバイスをしてくれます。

中邑教授のような考え方が「当たり前」のものとなり、いまの教育制度・評価制度に苦しむ子が少しでも減る社会の実現に向けて、私も微力ながら努力を続けていきたいと思っています。

第3章

「協調性・みんな仲良く」を疑う

多様性の本質とは？

「みんな仲良く」を否定した全校集会

全校集会でアップル創業者のスティーブ・ジョブズについて、こんな話をしたことがあります。

「スティーブ・ジョブズは嫌われ者だったって知ってるかな。相当嫌われてたらしいよ。じゃあ、彼はどんなことに優れていたかわかるかな？　それは『目的』なんだ。彼はアップルの製品を通じて世界中の人を楽しませたいという目的を持っていた。だからコンピュータをつくるときもiPhoneをつくるときも、一切の妥協をせず、細部にこだわって自分の理想とするアイデアを押し通した。

社員からはいろんな意見が出たそうだよ。でも、彼はそれをことごとくはねつけた。頭にきて会社を辞める人もたくさんいたみたい。でも彼は自分の意見を曲げずに目的を達成できたんだ。

もちろんそれは誰でも真似できることではないよ。スティーブ・ジョブズは創業者だから部下に命令をする権限があったし、彼の思い描いていたアイデアが素晴らしいものだったからいい製品ができた。アイデアに自信がないなら人の意見を聞けばいいと思うんだ。

ただ、ここでちょっと考えてほしいんだけど、『みんなの意見を聞いて目的を達成できないこと』と『意見を聞かずに目的を達成すること』。

どっちが大事かな？

どっちを優先したらいいかの判断はみんなの今後の人生で何度も起きることなんだ。そのときに覚えてほしいのは、みんなと仲良くすることや協調することは決して目的ではないということなんだよな」

この話をすると、子どもたちは「えっ？」という顔をします。

小さいときから言われてきた「みんなと仲良くしなさい」が根底から覆されてしまっ

たからです。でも実際、社会に出たらそうですよね。協調性を重んじる人たちだけで会議を進めると、周りに気を遣って、たいてい中途半端な結論にしかなりません。

協調性とはあくまでも目標を達成するためのひとつの手段であって、「目的」ではありません。みんなが同じ方向を向いて協働したほうがいい場面では協働すればいいというだけの話です。たしかに穏便に物事が進めば理想的ですが、波風を立てないことを優先して物事が進まないのであれば、協調性を重んじることに価値はないのではないでしょうか。

日本社会では周囲と仲良くできない子や、調和を乱す子、コミュニケーションがうまく取れない子をことさら異端扱いしようとする傾向があります。いわゆる**「出る杭を打つ社会」**です。

しかし、各自がより主体性を発揮していくこれからの社会は、その真逆をいきます。

つまり、出る杭だらけの社会、もしくは出る杭が尊重される社会です。大人世代も含め、出る杭だらけの社会の感覚に慣れた人は多くありません。だからこそ当校では出る杭だらけの社会における身の振り方を教えるようにしています。

具体的には、こうです。

・人はみな違うと理解してもらう
・感情をコントロールする重要性を教える
・対立があったときの合意形成のはかり方を学ぶ

そしてこれこそ子どもたちが社会に出たときに必ず役に立つ、ダイバーシティ教育の根幹だと考えています。

「協調性」は子どもへのストレスになる

協調性ばかりを子どもに教えていると、自分が周囲と馴染めないことを必要以上にストレスに感じる子どもが増えます。

たとえば日本社会でよくある悩みが、**同調圧力問題**。仲良し教育のもたらす典型的な弊害です。「クラスで浮いた存在になりたくない」と必要以上に不安がって、必死になっ

▲麹町中学校の教育目標は「自律」「尊重」「創造」とある

てみんなと同じように振る舞おうとします。心に余裕のある子どもが多いコミュニティーでは同調圧力はさほど強くありませんが、自己否定や劣等感が強い子どもが多いコミュニティーほど周囲への攻撃性が増すため、同調圧力も強まる傾向があります。

わざわざ子どもを天邪鬼にする必要はありませんが、もし子どもが同調圧力に疲れているようであれば**「みんなと合わせるか・合わせないかは自分で決めればいい。全然たいした問題ではないよ」**と、はっきり伝えるべきだと思います。

ただ、そうは言っても、子どもとしては仲良しグループとの間に微妙な空気が流れることを嫌がるでしょうし、親としても子どもがいじめの対象にならないか心配だと思います。そんなときは、こんな声をかけてみてはどうでしょう。

「じゃあ、みんなに嫌われないためにはどんな言い方をすればいいだろうね？」

一緒に対策を練ってみるのです。むやみに対立を深めることなく自分の流儀を通す。これこそ多様化社会で重要になるスキルです（のちほど合意形成の話で解説します）。

もうひとつよくある例でいえば、「僕は日本の学校に馴染めないから海外で学びたい」という子です。選択肢としては良いと思います。語学力も身につきますし、いろんな文化的背景を持った人たちと交わることでグローバル人材としての下地もできるでしょう。

ただ、なかには周囲の人に多様性を期待しすぎるあまり海外志向になっている子どももいます。そんなときは「たしかに君は海外に合っているかもしれないけど、自分の周りの人たちを宇宙人だと思えばいいんじゃないの？」とアドバイスすることがあります。

単一文化で育った日本人が海外にいくと、「自分をわかってもらえないのは当たり前」の前提で行動をする。考え方も行動習慣も違う人たちとわかりあうためにはどうしたらいいだろうか？　と考える。日本にいるときと比べると一段高い視野から対人関係を捉えようとします。つまり、それと同じ感覚で今の自分の周囲の人を見てみよう、ということです。

その結果「あ、そういえばそうでした」と納得する子どもはたくさんいます。**「違いを認めてくれない！」と言いながら、自分の個性を認めてくれない周囲の人たちを認めていなかった自分に気づく**のです。

多様性の感覚は一朝一夕で身につくものではありません。訓練の賜物だとつくづく思います。でもことあるごとに**「人は違って当然。じゃあどうする？」**の視点で物事を見るように仕向けていると、子どもたちは次第に他者を尊重することを覚え、「出る杭を打つ」が起きづらくなります。

先日卒業した生徒のなかに非常に個性的な子どもがいました。勉強は全般的に苦手ですがどんな授業でも先生が話すとガンガン手をあげて、突拍子もない質問をします。ただ社会科だけは天才的に得意で、全国トップクラス。すると社会の授業のときは周囲の子どもがまったく理解できないような難解な質問をいろいろする。そんな子どもです。

質問だけならまだいいのですが、たまに情緒が不安定になって授業中に教室を飛び出したり、みんなが自分のことをバカにするといって周囲を攻撃することもあったので、1年生のころはとにかくクラスメイトから煙たがられる存在でした。

しかし、対立を認めて対話でそれを乗り越える教育をやっていると、周囲の子どもたちがその子を受け入れるようになるのです。もちろんいきなりは変わりません。でも2年生の後期くらいになると、その子がパニックになって教員がなだめようとすると、クラスメイトの女の子たちがやってきて、「先生、大丈夫。私たちに任せて」と言ってくれるようになりました。

私もその生徒の同級生の何人かと卒業前に面談しましたが、その言葉が印象的でした。

「あの子がいてくれたおかげで、いろんな考え方があると知れました」

違いを認める姿勢は、しずかちゃんに学べ

子どもの自律で大事なことは、協調性を教えるのではなく、多様性をどれだけ受け入れられるかです。つまり、人はみんな違う、簡単に動いてくれるものでもない。それを

当たり前の前提として動けるようになることです。

ここでいう「違いを認める」とは、相手の考えや置かれた立場を尊重し、理解に努めるということです。

異なる意見や立場をいったんOKと受け止めた上で、相手との対立を無駄に激化させないように言葉を選び、働きかけていく。これが多様化社会における理想的なコミュニケーションの仕方であり、合意形成を図るとき、対人関係を構築するときに使える強力な武器になります。

多様化社会における理想的なコミュニケーションスキルのわかりやすい例は、『ドラえもん』のしずかちゃんです。同作品のキャラクターはしばしば心理学の事例に用いられますが、のび太くんは自己否定と劣等感が強く、非常に受け身で依存心が強い子ども（当校の理想像とは真逆のタイプ）。一方でしずかちゃんは、自分の意見をはっきりと持っているが、多様性を受け入れる力があるため、どんな意見でもいったんイエスと受け止められ、敵をいっさいつくらない。

非常識な教え 6　対人関係につよくなる会話のコツ

たとえばしずかちゃんは友だちから「一緒に遊ばない？」と誘われると、真っ先に「いいわねー、素敵」と肯定的な言葉で返します。そのあとに「でも今日ピアノの習い事があるんだ」と自分の立場を表明する。誘った友だちからすれば、思い通りにはならなかったけれども不快感は残りません。

こうした会話の技術は**アサーション（肯定）**と呼ばれます。ビジネスパーソンであれば大半の方が知識として知っていると思いますが、このスキルこそコミュニケーションスキルの最高峰に位置付けられるものでしょう。交渉の場面に限って意識的に使う人はいても、普段からごく自然に使える人は稀です。

「日本人はもともとまわりくどいからもっと直球でし

ゃべろう」という主張も一部にはありますが、それが通用するのはスティーブ・ジョブズのようなブルドーザータイプのビジネスパーソンくらい。大きな軋轢が生まれても物事を達成できる自信があるならそれでもいいのですが、一般論で考えれば、ディベートのトレーニングを受けていない日本社会でストレートに意見をぶつけるだけでは無駄に衝突が増えるだけです。

では、子どもがしずかちゃんのようなアサーションを身につけるにはどうすればいいか。それは、周囲の大人がその子のやることなすことを否定せず、積極的に肯定しながら育てることです。

意見の対立からすべては始まる

多様性を受け入れる最初の一歩は、なにはともあれ違いを認識すること。

私はかつて数学の授業中に勝手に道徳の話をするくらい、道徳教育にこだわりがあるタイプなのですが、そのなかでも強いこだわりがあります。それは、「世の中に存在する矛盾や対立構造を俯瞰して眺める体験」を子どもたちにさせることです。

コンピュータが進化し、世の中は本当に便利になりました。でも、社会から対立はなくなりません。しかも、矛盾や対立関係の多くについては私たちの先祖が何度も議論を重ねてきました。それでもなくならないのはなぜなのか。子どもたちにはまずそのことを考えてもらいます。

一例を挙げましょう。実際に私が道徳の授業で使った話です。

題材として扱ったのは二十数年前にNHKで放送されたドキュメンタリー番組、テーマは「飽食の時代」です。まず子どもたちに見せたのはタイ農家へのインタビューです。農家では日本の商社からの依頼でタマネギを生産しています。すると、せっかくつくったタマネギを大量に廃棄するシーンが出てきます。子どもたちからも「えーっ、もったいない」と声が上がります。「なぜ捨てるんですか?」とインタビュアーが聞くと、農家の人が事情を説明します。

いわく、日本の商社が買い取るタマネギには規準がある。木枠の穴を通り抜ける小ぶりのタマネギは買い取ってくれない。今年は育ちが悪かったため、大量に廃棄せざるを得ないのです。加えて、大きさが規準を満たしていても曲がったタマネギは買ってくれないので、いっぱいつくっても買われるのは一部にすぎないと言います。

「なぜ日本人は小さいタマネギや曲がったタマネギを食べないいんですか？　味は変わらないのに」という農家の逆質問で映像をいったん止めます。

次に子どもたちに見せるのは日本のスーパーの風景です。そこではタイでつくられたタマネギが野菜売り場で売られています。バラ売りではなく4個袋詰めで100円。

「なぜバラ売りしないんですか？」と店長に質問すると、店長は次のような説明をします。以前はバラ売りしていましたが、お客さんが大きいものはないかとタマネギの山をかき分けるので荷崩れが頻繁に起きていました。それを直すには人手がいり、人件費をカバーするためには価格を上げなければいけません。その点、サイズを揃えて袋詰めして売れば、お客さんは前から順番にとるので荷崩れの心配はありません。

「いいものを安く提供したい」と店長は証言します。

ここでビデオを止めます。

子どもたちは困惑の表情です。

「農家の話を聞いているときは日本人が悪いと思ったけど、スーパーの店長も悪気はなさそうだし、かといって大きいものを欲しがる消費者の気持ちもわかる」

子どもたちは悩みます。このように、フードロスのテーマをひとつとっても、異なる視点から物事を眺めてみることではじめて問題の輪郭らしきものが浮かび上がってくるのです。

そこで「じゃあどんな解決策が考えられるだろうか?」と質問を投げかけます。そこまでいってはじめて意義深いディスカッションに発展していくのです。唯一解を出すのが目的ではありませんので、ぜひご家庭でもやってみてください。

私は常々、**一方向から見た価値観を押し付ける教育は道徳教育としてふさわしくない**

と感じてきました。

たとえば平和教育について考えてみましょう。平和は尊いものであり、戦争は愚かな行為です。そんなことは誰でもわかっています。でも実際に戦争はなくならず、いまも世界のどこかで起きているわけです。だから私は子どものころに学校の先生がことあるごとに「戦争反対！」と連呼する姿を見て、強烈な不信感を抱いていました。子どもながらに知りたかったのは「なぜ戦争をしなければいけないのか？」という戦争をする人の見解だったからです。

社会に存在するあらゆる矛盾や根の深い対立構造の背景には、必ず複数の利害関係者がいて、各自が「自分こそが正しい」と思っています。つまり、「正解」が複数存在している。そのときにひとつの評価軸だけで物事を捉えていては、解決策は見えてきません。

これは職場での対立や夫婦間のいさかいも同様で、同じ評価軸で争いつづけていると対立構造は解消されないのです。高い次元に駆け上がって、利害関係者全員が納得できる共通の目的を模索する必要があります。そのファーストステップが、**異なる立場の人の意見に耳を傾け、対話をすること**なのです。

誰かを悪者扱いしたり、敵視したりするだけでは世の中の対立はいつまでも解決しない。「戦争反対」のプラカードを掲げて誰かを罵ったり、「友だちとは仲良くしなきゃだめよ」と一方的に子どもに教えることは、問題解決の糸口になっていないと思います。

多数決に頼らない生徒に育てる

個人主義が根幹にあるヨーロッパに行くと、「人はみんな違う」の認識が当たり前です。平和的に生きていくためには、みんなが合意できるルールが必要で、そこで生まれたのが民主主義。すなわち、対話による合意形成です。

民主主義は多様性を受け入れる土壌がまだ育っていない日本ではなかなか理解されづらい概念でもあり、民主主義を「多数決による合意形成」と勘違いしている人が少なくありません。しかし、それは民主主義の本質ではありません。

民主主義の本質は、あくまでも多様な人の意見に耳を傾け、それを尊重することから始まります。当校では生徒たちが物事を決めるときに対話らしい対話をせずに安易に多数決で決めるのはご法度。ジャンケンで決めるなどはもってのほかです。

わかりやすい例があります。当校では体育祭を生徒に自主運営させていますが、2018年の体育祭から、それまで毎年大盛り上がりをしていた3年生の全員リレーを廃止しました。アンケートを実施した結果、10％の生徒はリレーを走りたくないと答えたからです。

「リレーを走りたくない」10％
「リレーを走りたい」80％
「どちらでもいい」10％

賛成派と反対派の割合は8：1です。一般的な学校（や組織）ではおそらく多数決をとるまでもなく、反対派の意見は無視され、賛成派の意見が採用されることでしょう。

しかし、体育祭を生徒たちに委ねるにあたって、私からはひとつだけ上位概念を提示していました。それは「生徒全員が楽しめる」。つまり少数派の意見もしっかり尊重する。生徒たちの間で議論はかなり白熱しましたが、話し合いを重ねた結果、リレーは廃止の決断がくだされました。その代わり新たな種目として加わったのが「ピコピコハンマー」と「三輪車競争」。運動が苦手な子でも楽しめる種目です。

ここで大切にしたのが、「みんな違っていい」その一方で「全員（一人ひとり）を大切にする」という相反する概念を両立させるために、対話を繰り返すということでした。もし子ども同士で意見がまとまらずに悩んでいるとき、親として声をかけるとすれば、「全員が楽しめるにはどうすればいいだろう？ 考えてみようか」ということになると思います。

多様な社会で生きていくスキルの身につけ方

対立が起きて当たり前だと理解してもらうときに、並行して教えたいことが**「感情コントロール」**の必要性です。異質な人がいるとイライラするのは自然な反応です。否定したいし、できれば排除したくなります。でもそんな状態で意見の異なる人と話し合いをしてもお互い感情的になって対立が深まるだけ。

いま多くの企業がダイバーシティ経営を掲げて、多彩なバックグラウンドをもった人を採用し、チームづくりをしようとしています。いままでにない化学反応が起きて、新しい価値が生まれるのではないかという期待からでしょう。

しかし現実の社会では、そこに放り込まれたメンバーが正しい対話の作法を知らないゆえに、価値を生むどころか対立が増えて生産性が下がる光景も見受けられます。

そこで麹町中学校ではみんなで何か決め事をするとき、ビジネスの代表的なフレームワークである**ブレスト（ブレーンストーミング）**と**KJ法**を奨励しています。

ブレストとはアイデアをひたすら出しまくって、付箋にどんどん書いていく「アイデア発散作業」。KJ法は出された大量のアイデアをカテゴリ分けしたり、相関関係を図式化したりしながらアイデアを「収束」させていく作業です。

これらを、子どもたちには「感情をコントロールするテクニックを教えてあげよう」と前置きをしたうえで教えています。

日本人の多くは人前で自分の意見を言うことが苦手です。反対されたらどうしよう、的外れな発言をしたらどうしよう、といった不安が先行しています。学級会などで何かを決めるとき、よくあるのは先生か、学級委員か、何人かの限られた「声の大きい人」だけが意見を述べ、残りの子どもはその場で意見を言わず、決まったことに対して陰で批判をする。企業でもよくある光景かもしれません。

しかし、**「どんなアイデアでもウェルカム」**というブレストの文脈に乗せてあげると、周囲の反応をあまり気にせず発言ができます。同時に、自分とは異なる意見もその時点では気にせず受け入れられる。さらにブレストで出たアイデアをKJ法で機械的に整理していくと、自分の意見が議論のなかにスーッと入っていきますし、**反対意見についても「そういう意見もあるのか」と冷静な目で見ることができる**のです。

もちろん、アイデア収束のタイミングで対立は顕在化します。でも反対意見をいったん聞き入れているので、対立が起きている箇所をピンポイントで特定できます。

多様化教育をあまり受けていない日本人にとって反対意見を聞き入れることは、派手さはないもののとても価値のあるスキルなのです。いったん反対意見を聞き入れて、その差異を起点にしながら「なぜ対立が起きているのだろうか」と冷静に考えていくと、結局は同じ目標を持っていないことに気づきます。対立を解消するためには、お互いが納得できる上位の目標を見つけること。

それが見つかって握手ができれば、「じゃあどんな手段がベストだろう?」と議論を「落として」いけるわけです。ここに感情が入り込むと、握手をするところまで到達できません。

ちなみに当校はロンドンにある中学校と交流があり、毎年10日間の短期交換留学を行います。そのアテンドでイギリスに行ったときに現地の先生にこの取り組みを説明したことがあります。すると「イギリスも同じだよ。日本もこういう教育するんだね」と言われて少し意外に思いました。現地の授業風景を見ると、一斉授業スタイルなのにそこら中で手が挙がって各自が意見をしっかり言えるからです。

「日本は意見を引き出すためにブレストをわざわざやるけど、君たちの生徒のように臆せず意見が言えるならわざわざブレストをする必要があるのか」と聞いたところ、先生の回答は納得のいくものでした。

彼は言います。ロジックで相手に勝つディベート技術も必要だが、すべての話し合いがディベート形式になってしまうと議論の目的が「いいアイデアを考える」ではなく「反対意見を負かす」になってしまう。するとクラスで影響力の強い子どもや、ロジックが得意な子、押しの強い子が10対0で勝つような展開になりやすく、特定のアイデアだけが通ってしまいやすいそうです。

「これからの時代は多彩な意見を取り入れながら、アイデアを構築していく技術も重要なんだ。だからこそ、折に触れブレストをやっている」

私自身も、自分の考えに基づいて人に働きかけ、状況を変えていくことをずっとやり続けてきました。意識的にやっているのは、反対側の立場の意見を理解することです。

私はしゃべるのは得意ですが、根が短気なので若いころは感情が顔に出ていました。

むしろ熱を込めて直訴すれば、異なる意見でも通してしまえるのではないかと思っていた時期もあるくらいです。でも、実際に物事が解決できるほど世の中は単純ではないと気づきました。

日本では青春ドラマが好まれていますが（もちろん私も大好きです）、その影響からか実生活でも、ガッツや情熱を重んじる傾向があります。

「営業成績が伸びないのは、君の情熱がお客様に伝わっていないからだ！」

そんな説教をする上司や、気合いを注入する飲食店はまだまだあります。学校でも同じです。熱い先生が一致団結を呼びかける、紆余曲折を経て何かを成し遂げ、みんなで感動の涙を流すといった展開です。そういう体験が悪いとは言いませんが、**アクションを起こせば人は反発するのが現実であると教え、そこから発想をスタートさせるほうが重要**だと私は思います。

イライラしている自分に気づく——感情コントロールの身につけ方

ブレストやＫＪ法をアイデア発想の切り口ではなく、「感情をコントロールする手段である」とわざわざ教えているのは、子どもたちのなかで「意見や利害の対立が起こるのは当然、お互いイライラせずに話し合おう」と合意形成をめざしてもらうためです。

まずはそこで**合意形成できると、子どもたちのなかでメタ認知が生まれます**。つまり、感情的になっている自分に気がついたときに「あ、イライラしている。感情をコントロールできていないぞ」と客観的に自分（や他人）を分析する視点が生まれるのです。実際、生徒のなかには「最近ようやくイライラを少しコントロールできるようになりました」と嬉々として報告してくれる子もいます。自分のことを俯瞰して見られている証拠です。

感情コントロールの技術は経験を通して高められるので、ブレストやＫＪ法を取り入れたからといって、すぐに冷静な態度で意見交換ができるわけではありません。３年生になっても明らかに感情的になっている子もいます。

でも当人がイライラしてきたら「イライラしちゃだめだよ」というのが、みんなの頭の中にあるので、自然とブレーキがかかる。この訓練が大事なのです。感情的になっているときに自分がいると自覚できるのとできないのではやはり大違いです。

感情をコントロールしながら自分とは異なる意見をいったん受け入れる。こうやって本に書くと「そうだよね」と思いますが、大人にはこだわりたい価値観や成功体験に基づく先入観があるので、これがなかなか難しいわけです。

たとえば私の活動がマスコミで取り上げられるようになってから、全国の教育関係者から相談を受ける機会が増えました。とくに多い相談は「自分も組織を変えたいが一筋縄ではいかないので困っている」というものです。しかし、私との会話の最中に明らかにパッと表情が変わる瞬間があります。「自分が対立を勝手につくっていた」と気づかれる瞬間です。

「組織の改革者」のイメージを私に抱いている人ほど、相談にこられる方は、私の話を聞けばブルドーザーのように組織を一変させられる秘策が学べると期待するのでしょう。でもそうした期待とは裏腹に、私が語ることといえば「目的思考」「合意形成」「違いを認める」という抽象論か、私が行ってきた組織改革の昔話です。そこに派手さも奇抜さもありません。私は何か突出した能力を持ったスーパーマンではありません。

私が組織を変えるために実践してきたことは、シンプルです。意見や利害の異なる人たちと対話を重ね、お互い納得できる上位概念を模索し、そこで握手を交わす。そんな小さなプロセスを粛々と積み重ねてきただけです。

やがて相談者の方も「みんな違っていい」の理念に賛同しながら自分自身が違いを認めていなかった、つまり対立を固定化していたことに気づくのです。いや、認めるどころか相手のことを敵視して、一方的に批判するだけで小さな握手をする努力もしてこなかったと認識するのです。しかし、そうした自分をメタな視点から捉えることこそ、間違いなくとてつもない大きな一歩なのです。

合意形成できる子に育てるコツ

自らアプローチをかける、人を動かす、合意形成する……その能力は日本社会では管理職がリーダーシップ研修で学ぶようなことでしょう。しかし、確立した個を持った人たちが共存しあうこれからのダイバーシティ社会においては、一般的なスキルセットになってくると思います。

当校でもことあるごとに子どもたちに合意形成のコツを教えています。

たとえば先日、「全学年の縦割り合同給食」の企画を考えた生徒2人が問題点を教えてほしいと相談に来たので、校長室で一緒に給食を食べながら話を聞きました。

私が最初に聞いたのは目的です。

彼らの答えは「異学年のいろんな話が聞けるから」

さて、みなさんならどう思うでしょうか。

個人的には生徒会に通す企画として正直、目的が弱いと感じました。1年生や2年生からすれば先輩の話を聞くことができる機会は良い刺激になるかもしれません。しかし、3年生の立場で考えると、後輩と給食を食べることにメリットを感じない子が出てくるだろうと思ったのです。しかも3年生は卒業間近なのでなおさらです。

私の意見を2人に伝えると、彼らも「うーん。そう言われてみると、嫌かもしれません」と納得したようでした。

では何が上位目的なら異学年と交流できて、かつ3年生も参加したくなる企画になるのか？　最終的に導き出したテーマは、「3年生がつくり上げた麹町中学校の自律の精神を1、2年生に教える」。この目的であれば全員が win-win になれます。

私がそのとき彼らに教えたかったのは、「動かない人がいるのは当たり前だ」「動かない人をその気にさせるには、目的・理由・目標を腑に落ちるものにしないとダメだ」ということです。この一例のように、学校でのさまざまな自治活動を通して、子どもたちは「自分たちの思い通りにいかない状況をどう打開していくのか」を学んでいきます。

どんな子でも絶対にリーダーになれる

人を動かすスキルのことをリーダーシップと呼ぶならば、リーダーシップはダイバーシティ社会における対人関係スキルそのものです。なぜなら、自分の考えを絶対的なものと信じ込んで一方的に押し付けようとした瞬間に対立は生まれるわけですから、対立が起きないように言葉を選んでいけば無用な軋轢を回避できるようになるからです。

私の考える優れたリーダーの条件を整理しておきましょう。

・ありのままを受け入れることができる
・自分をよく知っている
・相手をよく知っている（差分をよく知っている）
・自分の言動がもたらす相手の反応を予測できる
・予測に応じてアプローチの手法を工夫できる

これらを満たすことができたらリーダーになることができます。最終的な到達点は、全員を当事者に変えて、みなが動く仕組みを実現できるかどうかです。

「リーダー＝カリスマ」のイメージが一般的かもしれませんが、結局カリスマ性の正体も「人を動かす言葉をいかにうまく使えるか」だと思います。巻き込み力の高い人、対話を通して合意形成できる人、人の心を動かすことが得意な人は、みな強い言葉を持っています。行動も大事ですが、９割は言葉の使い方だと思います。

「大事なのは言葉」。だからといってリーダーシップはしゃべりが得意な人にしか身につけられない、というわけでもありません。投稿記事だけで社会に影響力をもたらすことができるブロガーや、国家元首の陰の優れたスピーチライターのように、文章で人を動かすことが得意な人もいます。話術や文章が苦手でも、人の心情を読み取ることに関して天才的な人もいるわけで、そういう人は裏方に徹してリーダーの右腕になることもできます。

私は誰にでも、そしていつでもリーダーになる資質はあると思っています。私自身も人を動かす術を学んだのは教員になってからですから。

ただし、リーダーシップ教育は子どもに押し付けるようなものではありません。社会人になると「ポジションが人をつくる」とよく耳にしますが、乗り気ではない子どもが周囲に無理やり背中を押されて生徒会長になって、想像以上の重圧で挫折することもあります。それに人を動かすスキルの習得は実体験に勝るものはありませんので、座学で学ぶようなものでもないと思います。大事なのは、本人がそのスキルを望んだときに周囲の大人が的確なアドバイスをできるかどうかなのです。

面接や発表会で！　子どもの言葉が一気に変わる――「選択と配列」論

優れたリーダーは「人を動かす言葉をうまく使う」と書きました。実際に私が子どもたちにリーダーシップ教育をするときも、言葉の使い方をアドバイスすることがほとんどです。ご家庭でも役立てられるように、ここでは具体的な方法を紹介しましょう。

私がまず子どもたちに教えるのは、言葉のもつ「性質」です。言葉は相手に伝わり、なおかつ相手の心を動かしてはじめて価値を発揮します。ここで難しいのは相手の心を動かすこと。では、どうすればよいか。そこで言葉の**「選択と配列」**を考えるのです。

言葉の「選択」とは、どんな単語や表現を使えば相手に「オッ」と思ってもらえるか考え抜くこと。自分の経験に基づいた独特の言葉であるほど効果的です。**言葉の「配列」**とは、考え抜いた言葉をどんな話の展開に乗せて伝えれば、聞き手が話にのめりこんでいくかを考えることです。私が人前でしゃべったり、文章を書くときは、常にこの2つの要素を意識しています。

たとえば推薦の模擬面接で、私が生徒に「中学校生活で何を学びましたか？」と質問し、子どもが「僕はクラス委員をしていましたが、人がなかなか動いてくれないことを痛感して、協力の大切さを覚えました」と答えたとしましょう。私はすぐさまこう返します。

「いま君は協力の大切さを学んだって言ったけど、これで面接官の心は動くかな。協力の大切さってよく聞くけど、そもそも何のことだろう。それによく聞くくらいなら使い古されてるということだよね。10人生徒がいたら、10人が同じことを言う可能性もあるわけだ」

すると子どもも「たしかに」という顔をします。

「じゃあ、試しに協力という言葉を『協働』に変えてみようか。うちの学校が掲げる目標のひとつは協働だし、中学生で協働という言葉を使う子どもはあまりいないかもしれない。それだけで面接官の受ける印象もだいぶ変わると思わないか？　ただ、まだ自分の言葉になっていないから、もっと適切な言葉を考えないといけないね」

こんなやり取りを続けていけば、子どもなりにいいフレーズを思いつくものです。

配列についてはこうです。たとえば志望高への入学動機を聞かれたときに、「御校では、生徒主体で学校行事が行われていると知って感動しました」といった回答を子どもがしたとします。やはりこれではありきたりなので面接官の心は動かないでしょう。そんなときに私はよく分布図を書いてあげます。

「君の行きたい高校の推薦は競争率4倍くらいだ。これが分布図。上位25％に入っている子どもしか受からない。いまの君の志望動機はこの分布図でどのあたりにいると思う？　この辺だよね。このままだとせっかくもらったチャンスを君はみすみす潰すということだ。じゃあどうするよ？」

当然、子どもも困惑するので、すかさずフォローします。

「じゃあ、君の夢ってなんだ？　将来やりたいこととかあるの？」

すると子どもは将来、国際機関で働きたいと言います。あとはその夢の実現に向けて、その志望校がどういう役割を果たすのかを言語化するだけです。たとえば国際社会で活躍するためには多様性を受け入れる人材になりたい。その点、その高校は生徒の自立や個性を尊重する校風なので、3年間で人間的に成長できそうだ、といった展開です。

将来の夢からの逆算でもいいですし、いま抱えている悩みや課題を起点にしてもいいですが、子どもなりの人生のストーリーに乗せて志望動機を語れば、パンフレットに書いてありそうなことをただ話すだけよりは、はるかに深みと説得力が出ます。面接官もその子のストーリーに興味を持ってくれるはずです。

言葉の選択と配列は論文を書くときも当然有効です。この言葉をこんな文脈で書いたら読み手はどういう印象を受けるだろうかと、終始読み手の反応をイメージしながら文章を書くのは、人を動かす文章の基本です。

ただ、話し言葉はそれがシビアに問われてきます。なぜなら話し言葉は、あとで読み返すことができる書き言葉と違って、時間の流れのなかに消えていくので、終始面白くなくてはいけないからです。だから大切なのはつかみ。できるだけ早く自分のストーリーを語って、相手からいろいろ聞き出したくなる状況を作ること。その流れができると、「面接」のお決まりのやり取りから、「血の通った会話」の雰囲気に変わるので、相手に与える印象がまったく変わるのです。

こうした言葉の指導を私は毎日誰かしらにしています。必然的に生徒会長や何らかの役職がついたポジションにいる生徒への指導が多くなるわけですが、どんな子どもであっても言葉の教育を続けていれば、リーダーとして育ちます。

なかには肩書きが欲しくてリーダーになるような子もいます。そんな子も「自分の言動が周囲からどう受け止められるか俯瞰しよう」といったことを私から口すっぱく言われていると、自然とメタ認知が身につき「自分を変えよう」「言葉を変えよう」という思考になるので、結果的にいいリーダーになるのです。

全校生徒が泣いた！　伝説の卒業式

言葉の教育のひとつの最終形態だと思うのが1対大勢で言葉を駆使しないといけないプレゼンスキルです。「選択と配列」の指導ほど頻繁にはできませんが、プレゼン力は社会に出てすぐに役立つスキルなので、機会さえあればできるだけ子どもたちに教えるようにしています。

象徴的なことが2018年春の卒業式でありました。

当校は一般的な公立中学校の卒業式とくらべると少し変わっていて、送辞や答辞を行いません。その代わりに生徒会長と私によるパワーポイントを使ったプレゼンがあるのですが、生徒会長のプレゼンが圧巻だったのです。

テーマは「リスペクト」

異なる個性、違う意見を認め合う当校の風土を、子どもたちなりに理解していった過程がさまざまな事例を使って紹介されていきました。そしてこの校風を後輩たちも引き継いでいってほしいというメッセージで締めくくられました（選択と配列を意識しながら練り上げたものです）。

子どもたちも、保護者も、教員も、多くの人が泣いていました。

実は私は、長い教員生活において、卒業式で大泣きしたことは何度もありません。そんな私でも目に涙を浮かべたほどです。もし中学生のプレゼン大会があったら優勝するのではないかというくらい、人々の心を動かすスピーチを壇上で見事にこなしたのです。

生徒会長は荒川聡太郎君という生徒です。実は荒川君、人前でしゃべることが上手な生徒ではありませんでした。むしろ、真面目で、人前で照れながらしゃべる癖のある誠実な印象の中学生。

生徒会長はみんなの前でしゃべる機会が多いので、彼が生徒会長になったあと、私はひとつだけアドバイスをしていました。壇上に立ったら演台に両手をついて、顔をグイッとあげながらしゃべりかけなさいと伝えたのです。それだけで体のフラつきが止まりますし、オーラが伝わってくるので聴いているほうも「オッ」と思うのです。

ただ、卒業式のプレゼンはパワーポイントのスライドを手元のリモコンで操作しつつ、ヘッドセットマイクでしゃべります。壇上のテクニックだけに頼るわけにはいきません。そこで卒業式前日の夕方4時に荒川君に学校にきてもらって、リハーサルを行いました。

原稿を丸暗記してきたのはいいのですが、いつものフラフラする癖が出ていました。しかもプレゼンはもう明日です。「プレゼンとしては30点くらいかな。時間ないけどどうする？」と聞いたら「もっとレベルを上げたいんです！」というので、私はめったに教えることのないテクニックをいくつか教えました。

ひとつは壇上で体がフラフラ動くと聴衆は言葉よりも体の動きに意識がいってしまうのでまず体を止めること。とくにヘッドセットをしていると両手が空くので、両手の指をお腹の前くらいで軽く交差させて、そこをホームポジションにしなさいと教えました。これはマイクロソフト世界一のプレゼンテーターとして有名な澤円《さわまどか》さんから教えていただいたテクニックです。

次に、目線が泳いでいると聴衆は集中して話を聞いてくれないので、聴衆と1対1の雰囲気をつくりなさいと伝えました。方法は簡単。4人くらいの仲のいい子を選んで、その子たち1人ひとりを順番に見ながら、プレゼンを始めればいいのです。その後は、全体を見渡しては1人を見つめ、次に全体を見渡す。それを繰り返すだけです。

最後は上級編ですが、スライドが映し出されたスクリーンを一切見ずに、壇上を広く使って話をすること。たとえば「伝えたいことが2つある」と言ったら、壇上の右端に歩いていき、完全に立ち止まったところでスライドを切り替えて、「ひとつ目は」と説明する。今度は反対側に移動して、同じように「2つ目は」と説明する。これを、身振り手振りを交えながらやってみなさいと教えました。

アドバイスをして2時間後くらいでしょうか。練習の成果をみてほしいと呼び出されたのでリハーサルの講堂に行ったら、私が言ったことを完璧にこなしていたのです。

そして当日も大成功。荒川君にとっても、生まれてはじめて大勢の前で本格的なプレゼンをして会場を感動の渦に巻きこんだことは一生の財産になると思います。

ちなみに荒川君は日本の高校に進学する気はなく、受験もしませんでした。卒業後は語学学校に通ってそのあと海外の高校に入ると語っていました。「あれだけのプレゼンができれば海外で絶対に通用する」と太鼓判を押して彼を送り出しました。

卒業式前日、たった2時間の特別授業だけでも子どもは変われる。それをまざまざと見せつけられ、私は、大人が子どもの能力を勝手に決めつけてはいけないと改めて噛み締めました。

親の悩み　進路に悩むわが子へ。どこまで口を出していいの？

自律した子どもであれば、進路についても自分なりに考えるものですが、判断がつかなかったり、自信がもてない場面も当然あるでしょう。そんなときの良き相談相手となることこそ、親や教員の大事な責務だと思います。

当校では担任制を廃止していることもあって、しばしば私のところへ、生徒が進路相談に来ることがあります（子どもたちには、「いつでも校長室においで」と伝えてあります）。「子どもの将来を左右しかねない大事な相談を頻繁に受けていたら気苦労も多いのでは」とご心配される方もいらっしゃいますが、私が子どもから進路相談を受けるときに一貫して留意しているのは以下の3つです。

1　時間は有限である。優先順位づけが大事と理解してもらう
2　長期的な視点からみて、後悔しない選択をしてもらう
3　その上で、最終的には本人に決断を下してもらう（「絶対にこれがいい」という言

い方をしない）

具体例をあげましょう。先日、中学3年生の生徒が校長室に相談に来ました。高校は決まっていましたが、聞くと進学後の身の振り方で悩んでいると言うのです。

その子には、情熱を傾けていることが2つあります。

ひとつは陸上です。中学時代にいい成績を残すことができたので高校でも続けたいと。そして、もうひとつはなんと、eスポーツ。eスポーツとは、競技としてのゲームのことで、競技人口も世界的に増えていて、いまや大きな大会で優勝するとテニスのウィンブルドンなみの賞金が出ます。彼は、大人の強豪チームに混じってeスポーツに挑み、土日限定でやっているそうです。ただ、eスポーツの試合は1回5、6時間も続く長丁場らしく、週末に大会や練習のある陸上部との両立が難しいと悩んでいました。

たしかに悩ましい選択です。

彼は大学のことまで考えていて、得意な理系の学部に行くと、実験などで忙しくて陸上もｅスポーツもできそうにないから、文系に行くことまで考えていると言っていました。そしていずれは家業を継ぎたいと。学校で接する彼は、どちらかというと頼りない印象でしたから、正直そこまで将来を考えていたことに驚きました。

そのとき私は彼にこんなことを伝えました。

「君はいろいろ考えていて偉いね。最後はやっぱり後悔をしないことだよ。少なくとも陸上はいったんやめたら、体を戻すのが難しくなるかもしれないよね。ｅスポーツについては、先生はその世界を知らないからいい加減なことは言えないけど、大人になっても再開できるかもしれない。だからいま陸上をやると決めたならとりあえず1年でも2年でものめり込んでみるのもいいかもしれない。何かに没頭することで得られる学びは将来、絶対に役に立つから。何をやって、何を諦めるか。そうやって優先順位をつけていくことって、人間にとって大事だから、最後はそこかな」

すると彼は、「実は僕もそう思っていたんです」と、だいぶ考えが整理できたようでした。

人生においては優先順位が大事。当校の卒業記念講演をしてくださった料理研究家の行正《ゆきまさ》り香《か》さんもまったく同じことを言われていました。

人生では、そのときそのときで「やりたい」と思ったことにのめり込んでいくのが理想だけれど、1日は24時間、1年は365日しかありません。何をやって何を諦めるか。その決断が大切であると子どもたちに話してくださったのです。私も、本当にその通りだと思います。

小さいときから主体性を育み、挑戦意欲が旺盛な子どもに育てば、「あれもやりたい、これもやりたい」と子どもが言い出す場面は必ず出てくると思います。

そのとき、周囲の大人としては、子どもがすべてを両立できるのかちゃんと見極めるべきでしょう。もし中途半端になってしまう恐れがあるなら、「1日は24時間しかないよね。じゃあ、配分をどうしようか？」とさりげなくアドバイスをしてあげることが大事だと思います。そして最終的な決定はあくまでも子どもにさせる。自分で決断してもらうことが大事です。

第4章

「子どものために」を疑う

自律のために親ができること

子ども同士のいざこざを仲裁していませんか？

私は、いわゆる「スパルタ教育」のようなものには、少し懐疑的なところがあります。世の中の成功者には、『巨人の星』の星飛雄馬《ほしひゅうま》のように、親や指導者から徹底的に鍛えられたおかげで今の自分がある、という人がいます。ただ、成功者は成功したからこそ過去が美徳として語られるのであって、成果を残せなかった人の過去が世の中で広まることはほとんどないように思います。

小さいときから自分の興味のあることを取り上げられ、やりたくもないことを無理やりやらされる。その結果、やってきたことが生きる軸になり得なかったとしたら……。私はそんな体験をしていないのでうかつなことは言えませんが、「自分の子ども時代は何だったんだろう？」と後悔する人は少なからずいるでしょうし、親に対する怒りの感情を一生、引きずる人もいるのではないでしょうか。

親が子どもの面倒を見るのはせいぜい20年。人生100年時代ですから、残りの80年は子どもが1人で人生を生きていきます。そう考えると、**親の役割は、子どもを引っ張**

り上げて親がいないと何もできない子に育てることではなく、1人で生きていける知恵を授けること。あるいは、その環境を与えていくこと。たとえそれができなくても、せめて1人で生きていける知恵を得る機会を奪わないことが大切だと思います。

では、子どもの自律を育むために、周囲の大人が一番意識しなければいけないことは、何でしょうか。

それは、**ひたすら「待つ」**ことです。

焦って子どもを無理やり引っ張り上げようとした瞬間から、子どもの自律のチャンスを奪っていくことになるのです。ひたすら「待つ」。これがいかに難しいかはよくわかります。とくに親からたくさん手をかけられて育った人が、それと真逆の育て方をするのは相当勇気がいることです。

わかりやすいシーンとして、子どもが遊ぶ、公園の砂場を考えてみましょう。砂場の近くではお母さんたちが子どもたちの遊ぶ姿を見守っています。

そこである子が、別の子からシャベルを奪って返してくれないとしましょう。奪われた子は「返してくれない！」と泣き出しました。

すると何が起きるでしょうか。

シャベルを奪った子の親がものすごい剣幕で飛んできて、自分の子からシャベルを取り上げます。そして、泣いている子とその親に丁重に謝罪をし、「○○ちゃんも謝りなさい！」と自分の子をきつく叱るでしょう。こうしたやり取りは日本では当たり前の光景です。むしろ、こうしたシーンで親が口を出さないほうが周囲から非常識だと思われるくらいでしょう。これは、子どもの自律よりも仲良し主義が優先される社会の証左なのです。

もちろん、善悪の教育も大事なので、ここで完全に放任するのは難しいかもしれません。ただ、大人が介入するタイミングをもう少し遅らせたら、どんなことが起きると思いますか。

もしかしたらシャベルを奪った子は泣き出した子を見て、しばし逡巡したあと、自分の判断でシャベルを返したかもしれません。すぐに返さなかった場合でも、後日砂場にいったときに「○○ちゃんはシャベルを返してくれないから嫌だ」といって誰も貸してくれず、自分の行いを反省するかもしれません。

いずれの場面でも、子どもは実体験から社会を学んでいくわけです。

幼稚園くらいまでは大半の親が、余裕をもって子どもの振る舞いを眺めているものですが、例外なのが小学校の受験組。早い子は3歳くらいから塾に通うことになります。公園で遊びたいと泣く子どもを塾に連れていき、礼儀を覚えさせ、塗り絵をさせ、絵を描かせる。そうやって小さいときから四六時中、親がそばにいて、あれをしなさい、これをしなさいと言われて育った子どもは、自分で考えて行動するのが苦手になります。

勉強もそうです。学習習慣をつけさせたいと思って、無理やり机に向かわせようとすればするほど、子どもは自らの意思で学ぶ力を失っていきます。

そんな子の多くは小学生の高学年から中学生ぐらいになると、**うまくいかないことがあったときに自分で解決しない子に育ってしまいます**。感情が外に出る子は人のせいにし、感情が内にこもる子は自己否定に走ります。一見すると「おとなしくて良い子」のように見えて、実は「不幸を感じるのが得意な子」になる恐れがあるのです。

部屋の片付けに口を出すとどうなるか?

子どもの自律や主体性を重んじる教育について、しばしば話題に上がるのが北欧です。「この子の人生だから、この子自身に決めさせる訓練をしないといけない」「失敗は学びだから、失敗をたくさんさせないといけない」

これが北欧で教育や子育てを考えるときのベースにある考え方です。私は北欧礼賛主義者ではありませんが、社会全体に本質論が浸透していることを羨ましく感じることがあります。

子どもの主体性を尊重しているかどうかのひとつのバロメーターとして、子育てが象徴的に現れるシーンがあります。それが**「子ども部屋の片付け」**です。

子ども部屋の片付けは千差万別で、お母さんが率先して片付ける家庭もあれば、子どもに「片付けなさい!」と叱る家庭もあれば、私の母親のように完全にノータッチな家庭もあります。

ちなみに私自身は昔から片付けが大の苦手で、小学生のときの部屋は足の踏み場もない状態でした。ただ、いくら片付けが苦手でも「あ、このままだとまずい」と思う瞬間が年に何回かやってくるので、そのときは掃除を試みます。でも順序よく効率的に終わった試しはありません。掃除の最中に何かを見つけてしまうと、それが気になって掃除どころではなくなるのです。自分が探していた宇宙や物理の本が見つかったら完全に読書モードに入って、そこから空想の時間が始まります。

でも私はそのことを悪いことだと思っていません。むしろ乱雑さの中から何かを着想するのは私の仕事のスタイルそのものです。頭に何かが思い浮かんだら、とりあえず手帳にメモします。そして、あとで見返しながらアイデアを形にする思考パターンをとっています。

私は、子ども時代の体験のなかで自分のスタイルを身につけていたのです。もし親が整理整頓にうるさい親だったら、私の思考スタイルは確立しなかったでしょう。

熱中を見つけるために親ができること

先日お会いした編集者の方はお子さんがまだ2歳。その方からこんな相談を受けました。

「子どもが中学生になったときに、何も興味がない冷めた子になってほしくないんです。何か熱中できるものを見つけてほしいと思っているんですが、そのためにできることは、やはり選択肢をたくさん見せることですか？」

質問の仕方からしておそらく私に「イエス」と言ってほしかったのでしょう。たしかに子どもに選択肢を見せたり、知らない世界を教えたり、いろんな体験をさせてみることはいいことだと思います。

しかし、私の答えはもっとシンプルです。

「親が意識すべきは、子ども本来の好奇心を奪わないこと」

なぜなら**子どもはそもそも好奇心の塊で、その好奇心に突き動かされて、勝手にいろいろなことにチャレンジしながら成長していく**からです。

それなのに、小学校に入って、一律に座りなさいと言われるあたりから、その子の独自性が徐々に奪われていきます。

たとえば下校途中にある大きな水溜りを、崖の両岸に見立てて、「この崖を飛び越えるぞ！」と目をキラキラさせた子どもを見かけませんか。些細な遊びに見えますが、目の前のものを別のものに見立てて状況設定をし、ストーリーの主人公になりきるという思考活動だけでも創造力が鍛えられていますし、一見飛べそうにない距離を頑張って飛ぼうとする一連の行為は、挑戦意欲や試行錯誤の力、身体能力などを鍛えさせます。

もし子どもの自律と好奇心を優先したいのであれば、そういう体験を、

「洋服が泥だらけになるからやめなさい」

「意味のないことをやっていないで宿題をやりなさい」

といった大人の尺度でストップをかけていくことは慎んだほうがいいと思います。

子どもの興味がゲームやサッカーなどわかりやすいものなら、まだ察知しやすいかも

しれません。しかし、子どもによってはボーッと空想している時間が楽しい子もいます。親からすれば「うちの子は大丈夫か⁉」と感じるかもしれませんが、そういう時間こそが本来は大事なのです。大人ができることは、子どもが何かに興味をもって没頭しているときに、果たして頭のなかで何がおきているのか、それを読み取って、尊重してあげることなのだと思います。

親のジレンマ 没頭はいいけどゲームばかりで大丈夫?

アニメ、アイドル、電車、プログラミング、ゲーム――。

子どもは何に熱中するかわかりません。たとえそれが大人に理解できないことであっても何かに熱中できるのは幸せなことです。それに、何かに没頭するのは「たまたまそのタイミングではまった」だけなので、親が心配するようなことでもないでしょう。

ただし、没頭していることが完全な趣味として自己完結していて、その状態が長引いているのであれば、もしかしたら時間の使い方として、アドバイスできることがあるかもしれません。

たとえば、子どもが毎日部屋に閉じこもってアニメを観つづけているだけだと「社会的な価値」はゼロです。それは歴史好きの子どもでも同じです。毎日図書館で難しい本を読んでいると勉強をしているように見えますが、本人がマニアックな知識を覚えて楽しいと思っているうちは、アニメオタクとまったく同じ。趣味の世界です。

もちろん、趣味として楽しむことはいいのです。

しかし、**あらゆる知識やスキルは、誰かに伝えた瞬間から「意味のあるもの」「価値を発揮するもの」に変化する**と教えてもよいのではないかと思います。たとえば、「好きなアニメのことをTwitterでツイートしたら、めちゃくちゃ喜ばれた」といった体験をどんどんさせることが大切です。なぜなら、自分が世の中に対して価値貢献できている感覚を子どものときから積むことが、社会に出たときに積極的に外部に働きかけていく姿勢、つまり主体性に影響してくるからです。

それに他人や社会に発信すると、必然的にフィードバックがあります。アクティブラーニングはまさにそうですが、フィードバックがあると、学びの深さが変わるのです。

肯定的なフィードバックがもらえたらもっと知識を増やそうと自信になりますし、仮に自分の意図と違う反応があったとしても、「伝え方が悪かったのかもしれない」「自分の理解が浅かったのかもしれない」と試行錯誤を始める可能性もあります。いずれの場合も、趣味として自己完結していたときには考えもつかなかったことです。

子どもが内向きに没頭しているとき、それを外に向けるアプローチに変えさせるよう、きっかけは大人がつくってあげてもいいと思います。親はきっかけつくりがいちばんやりやすい立場であるはずです。

もちろん、うわべだけ話を合わせようと、無理にその領域に詳しくなる必要はありません。わからないなりに質問をする。それも立派なフィードバックです。

「なんかこれ面白そうだけど、説明してくれない？」

といって話を聞き、

「なるほど。これってお父さんはこう感じたんだけど、君はどう思うの？」

といったように、単なるうなずき以上のフィードバックをちゃんとしてあげる。

そのときに、**本人も気がついてない価値（その子の得意やプロセス）を言語化してあ**

げられると理想的です。

もしインターネットを使って情報を発信するなら、どこで誰に向かってどうやって発信するかといったことを考えないといけません。作品であれば、インスタグラムに写真を投稿してもいいわけですね。するとそこには反応が返ってきます。一人の世界で没入していた何かに、たったひとつのいいね！　がつくだけでいいのです。反応がもらえると他者に意識が向かうので、それ以降、趣味を楽しむときにも「発信」を意識して考えたり、情報収集したりできるようになります。

「挑戦しよう！」では子どもは動かない――「ヤング・アメリカンズ」

小さい時から周囲の大人たちに厳しく育てられた結果、自信を失った子や、評価を過剰に気にする子、失敗をやたらと恐れる子はたくさんいます。そんな子どもたちに挑戦意欲を取り戻してもらうためにはどうしたらよいか。そのために重要なのは、「心的安全状態」をつくってあげることです。

「心的安全状態」とは、心理学用語で、周囲の反応を気にしないで自然体の自分を表現できる環境のことです。麹町中学校では脳神経科学の青砥瑞人《あおとみずと》さんと「心的安全と教育」をテーマに研究・公開講座をしてきました。そのとき私が青砥さんから教わり、非常に役に立った、脳のメカニズムについてまずは簡単に説明しましょう。

人の脳はいくつかのパーツにわかれていますが、ほかの動物の脳と決定的に違うのが「前頭葉」です。この前頭葉が、人間ならではの高次な脳機能、すなわち学習・計算・ロジック・長期的視野・感情や情動の抑制といった機能を担当しています。この前頭葉は年々メカニズムが解明されてきていて、ストレスが過剰にかかった状態（心的危険状態）になると機能が低下することがわかっています。

周囲の大人からいつも叱られているような子どもは、前頭葉の機能が低下するので、ミスが増えたり、やってはいけないことの判断が鈍ったりと、余計に親を怒らせるような行動をしてしまいます。とくに発達に特性がある子に対して「自分の叱り方が甘い」と考えるのは逆効果。きつく叱るほど行動がエスカレートする可能性もあるのです。ここで、脳にストレスがかからない「心的安全状態」をつくることができると、前頭葉は活発に動きます。すると人は、未知なるものへの挑戦意欲が高まるのだそうです。

ではどうやったら、心的安全状態をつくれるのでしょうか。

そのためには、**子どもの自由意思を尊重して、否定をしない環境を用意してあげること**です。否定をしない効果、それをまざまざと見せつけられたのが、「ヤング・アメリカンズ」によるワークショップでした。

「ヤング・アメリカンズ」とは1960年代に発足したアメリカの団体で、トレーニングを受けた大学生中心のグループが、世界中の学校に遠征し、3日間かけて子どもたちに歌とダンスを教え、1時間のミュージカルを発表させる活動です。

その指導方法は独特です。彼らは絶対に子どもたちを叱りません。もし日本でミュージカルをたった3日で教えるとなると、おそらくスパルタ方式になるでしょう。言うことを聞かない子どもがいたら「ほかの子たち、みんなやっているんだから！　君もやりなさい」などと言いそうですが、ヤング・アメリカンズの大学生グループは、そんな言葉は一切使いません。子どもたちの意思を最大限、尊重しているからです。

麹町中学校でも「ヤング・アメリカンズ」を実演したことがあります。初日は40数名いる大学生のなかから、自分がつきたい人を1人選ぶことから始めるのですが、大学生たちのハイテンションぶりとは対照的に、子どもたちの反応は今ひとつです。歌やダンスが好きな子や、英語好きな子は率先して練習に励みますが、そうではない大半の子にとってはなんだか居心地の悪い空間に感じるのでしょう。

異様な空気感に戸惑う子もいれば、「自分にはできそうもない」と自信なさげな子もいれば、「歌やダンスなんてくだらない」と言いたげな子もいました。その輪の中にいることすら耐えられなくて、体育館の隅に黙って座る子どもが大勢いましたが、大学生たちはそういう子どもたちにも、1人ひとり声をかけます。

「やったら楽しいと思うけど、見るだけでもきっと楽しいから、やるかやらないかは君が選んでいいからね！」

こうして、必ず選択肢を見せるのです。

すると不安な表情をしていた子どもたちが、1人、また1人と挑戦し始めます。

リズム感が悪かろうが、音痴であろうが絶対に批判されない。それどころかチャレンジしたことに対してみんなで拍手をする。ちょっと上達したら、陽気なほどにハイタッチ！　当然、子どもたちの表情もどんどん明るくなる。普段はおとなしい子どもが、みんなと一緒になって「イエーイ！」とハイテンションになっていくのです。

時間がたつにつれ、周りの楽しげな様子をずっと眺めながら、「こんなことくだらない」と言って頑なに参加を拒絶していた子どもたちも、少しずつ重い腰をあげていきます。最終日になるとどの子も積極的になって楽しげな様子が見られ、ミュージカルも素晴らしいものになりました。

ヤング・アメリカンズの教育的価値は本番にあるわけではありません。子どもたちに、自分が知らなかった自分を知る体験をしてもらうことです。子どもたちは、「自分の殻を破れた！」「チャレンジする自分が生まれた！」といった感想を寄せてくれました。子どもが殻を破っていく瞬間は教育者である私が見ても感動するものです。親御さんが見たなら、さらに感動することでしょう。

私がここで言いたいのは「お子さんの通っている学校がヤング・アメリカンズを採用

するよう先生に掛け合ってください」では決してありません。

失敗してもオッケー、下手でもオッケー、自由にしてオッケー。

新しいことに挑戦する機会をもっと子どもたちに与えてみませんか、そんな環境を家庭や学校でもっとつくっていきませんか、と言いたいのです。

新しいこと、異質なものに挑戦することは、自律の第一歩であると同時に、人間として成長していくチャンスでもあるからです。なぜなら、自分が異質と感じるものには必ずいまの自分との差分が存在します。新しいことに対して自分なりに目標を決めてチャレンジをしたり、アクションを起こしたりすると、その差分がどんどん気になりだすのです。

その差分とは「ダンスが下手な自分」といったスキルセットの話だけではありません。「ハイテンションなグループに飛び込むことを怖がる自分」や「恥ずかしさが先行して大きな声で歌えない自分」といったマインドセットの話も含みます。自分の性格や強みと弱み。弱みは必ずしも克服する必要はなく、それを知るだけで、社会に出て役に立ちます。

大人の大事な役割とは、子どもたちが異質なものに向かいたくなる瞬間をどれだけつくれるかであり、ひいてはそれが個の確立につながるのではないかと私は考えています。

「挑戦する意欲＝心的安全」が生まれやすい脳とは？

では、具体的に心的安全状態をつくるにはどのような方法があるでしょうか。

2つの方法が考えられます。ひとつはヤング・アメリカンズのように、「失敗してもOK」の環境を用意することです。麹町中学校でも「失敗OK」「人と違ってOK」の文化を徹底しようとしています。

しかし、実際にいまの日本の教育現場の全体がこの環境になっているかと言われると、そうとは言い切れません。何かに興味を持ったら「余計なことをせず、勉強だけしていなさい」と言われ、やって失敗したら「何をやっているんだ！」と怒られる。これでは挑戦意欲が衰退して当然です。とはいえ、これは学校だけの問題ではなく、社会全体の問題でもあるかもしれません。世の中は、心的に危険な状況を生み出す要因で溢れています。そんな環境のなかでも、それらをストレスだと感じなければ、いいわけですが、どうすればよいでしょうか。

それは、子どもたちの脳を心的安全状態が「つくりやすい」脳に変えてあげることです。そのひとつの方法が、第3章で解説した予測能力や感情のコントロール術、合意形成力などを高めること。「世の中は自分に都合のいいことばかりではない」と日頃から教えると同時に、「都合の悪いことがおきたとき、自分の感情がどう反応するか」に意識を向け、感情のコントロールの仕方をアドバイスしていく。

それを繰り返していくうちに自分を冷静に見る能力が高まるので、ストレスの量を減らすことができます。しかも、予測さえ立てておけば、できるだけストレスを感じないよう行動を変えていけるので、挑戦意欲を維持しやすいのです。

たとえば、子どもがクラスに存在するルールに疑問を持ったとしましょう。心的安全状態になっていない子どもにとっては、みんなに問題提起することすら恐怖です。でも普段からトレーニングさえしていれば、提案の前に脳内シミュレーションができるので、そのストレスを軽減できるわけです。

欧米のように自分の意見をはっきり伝える文化が定着している国では、そもそも最初から心的安全な環境ができているので、ここまで教える必要はないのかもしれません。でも必要以上に他人の目を気にする同調圧力の強い日本の社会において、臆せずアクションを起こせる子どもを増やすには、自分の脳内でどんなことが起こっているのか理論的に学ばせることがひとつの解決策だと思います（詳細は第3章140ページ以降を再読ください）。

もうひとつ「心的安全状態をつくりやすい脳」に変えていくために大人ができることといえば、**「失敗は悪いことではない」と教えつづけること**だと思います。

たとえばみなさんは「マシュマロタワー」というワークを知っていますか。このゲームは、各チームにパスタ20本とマシュマロ1個とマスキングテープが渡されて、制限時間内にできるだけ高いところにマシュマロを置く。それを何回か試して、高さの平均値を競うものです。このゲームを、ビジネスマンチームと幼稚園児チームが争った結果、なんとビジネスマンチームが負けたのです。

敗因は、大人たちが理屈にこだわりすぎて、なかなか手を動かさなかったからです。制限時間の大半を設計の議論に費やして、最後の最後、マシュマロを置いたらタワーが崩壊する……それを何度も繰り返していました。結局、ビジネスマンチームがマシュマロを置けたのは1回だけ。

一方の幼稚園児は、載せては倒れるを何度も繰り返して、7回載せることに成功。失敗を恐れない子どもたちと、失敗を恐れる大人たちの対比が象徴的な実験になりました。

私はそれを聞いて「子どもの頃は挑戦意欲が旺盛なのに、大人になると頭でっかちになって、挑戦意欲が失われていくんだよな」と自戒を込めて認識しました。

子育ての本でよく言われることですが、失敗を恐れない子どもに育てるコツは結果ばかりを褒めないことです。子どもが学校で1等賞をとったりすると、ついつい「やったね！　1等賞とれたね！」と言ってしまうものです。スポーツチームでレギュラーをとった場合もそうですね。子どもを褒めたい一心で、「レギュラーとったの！　うれしいね！」とつい言ってしまいます。

でもそういう言葉かけを続けてしまうと、いつの間にか子どもは「1位になること」や「レギュラーをとる」といった「結果」にこだわる子どもになります。

とくに**「順位」や「勝ち負け」について親がしきりに褒めていると、「自分の価値は人との比較で決まる」と思い込む大人に育ちます。**もちろん、結果にこだわった結果、社会に出て大きな成果を出す人はいますが、結果だけに意識が向いて、挫折を味わう人もたくさんいます。

たとえば小学生時代にスポーツチームのエース級だった子どもが、中学に入ると挫折してしまうことはよくある話です。中学になると体格差がなくなってきて、周囲の子に抜かれたりするからです。そのとき、小学生時代に「エースであること」をずっと褒められてきた子どもは大きな挫折を味わいます。その結果、せっかくいいセンスを持っていても「自分には才能がない」「向いていない」と思い込み、挑戦意欲を失って、そのまま部活をやめてしまう。そんな子を何人も見てきました。周囲の大人が勝手につくった期待値に満たないからと自信を失う子どもを見るのは、教育者として非常に辛いものがあります。

そうした事態を避けるには、結果ばかりを褒めずに、**子どもたちの工夫や試行錯誤といったプロセスをちゃんと褒めてあげる**ことが重要です。

ただし、プロセスを褒めるといっても、**「頑張ったね」という言葉には注意が必要**です。私もついつい言ってしまうことがありますが、「頑張ったね」という抽象的な褒め方だけをしていると、いつのまにかガッツや根性といった精神論にすり替わっていきます。すると結果が出なかったときに、今度は「自分には根性がなかった」と自己否定に走りかねないのです。

ではどうすればよいのか。理想的な褒め方とは子どもなりの工夫や試行錯誤しているプロセスを、大人が言語化してあげた上で褒めることです。

たとえば子どもが自発的にサッカーのリフティングの練習をしているなら、「なんでリフティングの練習をしているの？」と聞いて、「ボールキープが苦手だから」と答えたら、「なるほど。弱点を克服しようとしているんだ。えらいね」と褒めてあげる。

さらに、「最近は夕食前にすることにしてるんだ。集中力が増すような気がするんだよね」といった、自分の生活のなかで行動パターンを振り返り、続けられるようルーティン化していることなどを褒めてあげるとよいでしょう。

すると**子どものなかに「ネガティブなものとして捉えられている弱点を克服しようとしているポジティブな自分」がメタ認知として定着**していきます。

子どもが失敗したときのフォローも大切です。結果を叱るのはもってのほかで、「次回は頑張ろうね」という言い方も暗に「今回は頑張らなかった」と言っているのでフォローになっていません。人は失敗から学べると意識づけるためには、上手くいかなかった原因や、逆によい面を伸ばすところに焦点を合わせて、課題設定や具体的な手法に目を向けさせることが大切です。こうやって子どもの「頑張り」を具体的に言語化してあげることで、試行錯誤をすることが価値づけされていくのです。

私が「夢はかなうとは限らない」と教える理由

「夢はかなうと教えるべきか、教えるべきではないか」

子育てや教育方針でよくある悩みです。挑戦意欲とも密接な関係があるでしょう。少なくとも私は子どもたちに対して「夢はかなうものだ」と教えることはありません。ただし、夢を持つことを否定するわけではありません。私は、ことあるごとにこう伝えています。

「夢はかなうとは限らないけど、夢に向かって走り出した人にしかチャンスはやってこない」

「夢はかなうとは限らない」とわざわざ子どもたちに言うのは当校の特徴があります。

地域的に非常に教育熱心な家庭が多いため、毎年当校に入学してくる約140人の新入生のうち第一希望者は40人くらいしかいません。つまり、多くの子どもは中学受験で夢破れているのです。そんな子どもたちに「夢はかなうよ」などと無責任なことは言えません。

むしろ私たち教員の大事な務めのひとつは、受験に失敗してモチベーションが下がったり、目標を見失っている子どもたちに自信を取り戻してもらうことです。ある環境にいけば、周囲の大人が自分に何かをしてくれると勘違いしている依頼心の強い子どもは必ず一定数います。そういう子は決まって親の考え方に強く影響を受けているので、なおさら思い込みが激しいわけです。

ですから入学直後の子どもたちに対しては「嫌々ここに来た子もいるだろうけど、中学も高校も大学もすべては社会に出るまでの通過点でしかないんだからな」と繰り返し伝えます。

麹町中学校は周囲を高層ビルに囲まれた都会の一等地にある

当然、高校受験を控えた子どもたちに対しても「みんなは志望校の合格に向けて頑張っているけど、全員が受かるわけではない。でも、仮に志望校に入れなかったとしても、まったく気にすることはない。学校に行くことが目的ではなくて、社会でどんな姿で生きていくか、それを見つけていくことが目的なんだから」と、はっきり伝えるようにしています。当校で過ごした3年間で自信を取り戻した子どもたちが、志望校に行けなかったことが理由で、また挑戦意欲を失うなど繰り返してほしくないからです。

「あの担任のせい」――人のせいにする思考を取り除く

当校ではクラスの固定担任制をやめました。学年全員の教員で担当業務を行っています。生徒や保護者が学校に相談ごとがある場合は、学年担当の誰でもかまいません。校長である私にも直接連絡してくださいと伝えています。当校ではいろいろな学校改革を進めていますが、担任制の廃止はどの学校でもすぐにいい効果が出る施策だと思っています。もちろん幼稚園や小学校低学年の頃は、かかわる人数は少ない方がよいでしょう。

発達に特性があって、人間関係をつくるのに時間がかかる子もいるからです。

担任制を廃止した理由は、シンプルです。医療の世界における「チーム医療」のように、子どもに最適な対応をすることが大切だと考えたからです。さらに副次的な効果として、宿題の話と同様、担任がいることで子どもたちの自律を奪うことにつながりかねないとも考えました。自律を失っている子どもは第三者への依存心が強く、うまくいかないことがあったら誰かのせいにしようとする傾向があります。その点で、クラス担任がいると、あらゆる問題が「あの担任のせい」になってしまうのです。

思い当たることはないでしょうか。自分が勉強できないのも、クラスに落ち着きがないのも、クラスで頻繁に喧嘩が起きるのも、すべて担任のせい。ほとんどの親もそう考えていますし、実は教員たちも同じような発想に陥っています。学校で何か問題がおきたら「ああ、あいつが担任だからな」と思ってしまうのです。

人のせいにするとは当事者意識をもたないことと同義。ですから、多くの問題が放置されたままになってしまいます。私が理想とするのは、当事者意識をもち、主体的に課題を解決していく人材にあふれた社会ですから、校長になる前から担任制には疑問をもっていたのです。

校長就任当初は、主担任と副担任の2人担任制を試したのですが、それでは不十分であることがわかりました。主と副でわけても、どうしても教員たちは主担任を育てようとしてしまうのです。主担任を育てないといけないと言っている間にも、クラスのなかには大小の問題が起きます。ベテラン教員が動けばすぐに解決できそうなことでも、主担任がいると他の担任は直接手を出せません。最優先すべきは子どもたちの課題。なのに、担任制のせいで、問題が放置されるなどということがあってはいけません。

「担任制を廃止したら、子どもたちに目が行き届かなくなるのではないか。細やかなフォローができなくなるのではないか」

そう心配される方もいらっしゃるかもしれません。

しかし問題を抱えている子どもについては、学年担当の教員たちで密に情報共有していますし、複数の先生の目があるので異変の早期発見はむしろしやすくなっています。それに行き届いたフォローも内容次第であって、多くの先生は必要以上に子どもに介入しすぎです。当校の指導の基本スタンスは、できるだけ生徒に任せる。そして大事なときだけ支援する。だから担任がいないことによる問題はないのです。

担任制をやめると子どもにも変化がありました。依存する相手がいなくなるので、子どもたちの鉄板の会話である「担任自慢」や「担任批判」がなくなります。**担任制があるとどうしても「うちの担任、最悪だよ」と不幸に感じる生徒がたくさんいる**わけですが、そういう子もいなくなります。その代わり、クラスで何か困ったことがあったら真っ先に自分たちでどうにかしようと考えるようになるのです。それが先生に相談することであっても、どの先生に相談してもかまわないので、子どもたちは「適任の先生は誰だろうか」と考えないといけません。その時点で子どもたちは、クラスで起きている問題の「当事者」になっているのです。こうした意識の変化は保護者にも見られます。担任制をやめてから学校へのクレームは激減しました。

権限を委譲すれば子どもは勝手に自律する――委員会制度

子どもたちの当事者意識を高めるもっとも簡単な方法はなんでしょう。それは、権限を委譲することです。

「このクラスは先生のものではなく君たちのものだから、最高のクラスをつくってね」

私は、最初の授業で子どもたちにはっきり伝えます。子どもたちの自主性を育てるために、駆け出しの教員のころからずっと続けていることのひとつが学級の自主運営なのです。

自主運営のキモとなるのが「プログラム委員」のポジション。

一般的なクラスではリーダー役となる学級委員がだいたい2人くらいいると思いますが、それ以外に「プログラム委員」制度をつくって、希望者を6人募ります。私の場合は、条件は不問、早いもの勝ちで行っていました。

クラスを会社にたとえれば、先生である私はご隠居の会長兼相談役のような存在。学級委員はホールディングス会社の社長。とすると、「プログラム委員」は関連会社の社長のような位置付けです。その1年間は、学級委員2人とプログラム委員6人の計8人がクラスの中核を担っていきます。

どんな委員会をつくるべきか、8人に決めてもらいます。そして6つの委員会が決まったら、残りの子どもたちを各委員会に割り振ります。各プログラム委員を軸として、子どもたちは自分の担当する領域について、いろいろと知恵を絞ってルールや仕組みを考えるのです。

もちろん、そのアイデアがそのまま通るとは限りません。プログラム委員を中心にそれぞれの会社で話し合ったアイデアを学級会でプレゼンし、クラス全体からフィードバックをもらいます。そして後日、修正案を提示。クラスで決を採り、採用されたらそれが新しいクラスのルールになります。そのルールに従わない生徒がいたときの対策を考えるのも委員会の仕事です。

プログラム委員制度の特徴は、先生がクラスのルールを決めて、各班がそのオペレーションを担う一般的な班制度と違って、自分たちでルールづくりができることです。すると、子どもたちのやる気がまったく違ってきます。

ちなみに私が山形で教員をしていた時代、受け持っていたクラスは給食の準備と片付けが全校中で断トツに早く、昼休みの校庭にはいつも一番乗りだったのですが、それは子どもたちが「何分以内に準備する」といった目標を立てて、そのための工夫をみんなで考えていたからです。

その間、私の仕事はリーダーたちに助言をするだけ。助言といっても具体的なアイデアではなく、人の動かし方についてです。

こうして、8人のリーダーシップはだんだん上がっていきます。40人学級なら5分の1、かなりの集団です。こうした経験を1年、2年、3年と繰り返しやっていくと、みんながリーダーになっているので、教員たちは何もしなくていいくらいになります。

後ろで支えて、徹底的に待つ

「うちの子にはまだ早いかな」

そう思って親が行動にブレーキをかけたり、子どもの行為に手を出しすぎたりする。

どんな家庭でも見かける光景です。命の危険が伴うようなことであれば別ですが、そうでなければ、子どもたちに積極的にやらせてみてはどうでしょうか。

「うちの子ってここまでできるんだ！」と驚かれるかもしれません。

当校では、毎年、文化祭・麹中祭のオープニング動画を、報道局（他校における放送部のような組織）の子どもたちにつくってもらっています。徹夜で編集をしてくるくらいの気合の入りようで、本番ギリギリまで手直しをしています。最近では、もはやどうやってつくっているのかわからないほど大人顔負けの出来栄えで、教員も保護者も驚かされっぱなしです。

そもそものきっかけは、生徒たちが「文化祭をやりたい」と言い出したからです。私が校長に赴任するまで文化祭自体がありませんでした。赴任当時の麹町中学校は進学校としての実績は十分でしたが、生徒主体の行事は皆無といっていいレベル。あるとき、子どもたちが文化祭をやりたいと言い出してくれたので、「じゃあ、君たちでつくってみろ」と言って、生徒主体の文化祭を新たな学校行事にしたわけです。

初年度はさすがに子どもたちも勝手がわからないので、文化祭の企画や運営、動画制作など大人がいろいろ手伝いをしました。重要な役割を担ってくれたのが、フリーアナウンサーの赤平大《まさる》さん。赤平さんの生徒たちに対するアドバイスや、若手教員への助言はおおいに助けになりました。

こうして初年度のオープニングで動画を流したときの生徒の反響は、すさまじいものでした。

内容はシンプル。須藤元気さんのダンスユニットの踊りを真似た生徒たちが一列に並んで学校の外から入ってきて、校舎中を回ります。その一隊が体育館に入っていくと、舞台袖から本物の生徒たちが出てきて、その場で一緒に踊る演出でした。

本物の生徒たちが出てきた瞬間、会場のボルテージはマックスに。

「子どもたちがここまで大きな声を出して盛り上がっているのを見たことがない」と誰もが驚いていました。


最近は子どもたちの目も肥えているので会場の盛り上がりでいうと初年度がいまのところ最高です。異様なほど盛り上がった理由は、おそらく「自分たちでつくる文化祭」をイメージできなかった子どもたちが、動画と舞台で繰り広げられたダンスを見てはじめて「実感」を味わったからだと思っています。

「どうせ面白いわけないよ」としらけムードで見ていた子どもたちの表情が、みるみる変わっていった瞬間はいまでも忘れられません。文化祭はそれ以降、大人が口を出す頻度も減っていって、昨年行われた4回目の文化祭では本当の意味での「自分たちでつくる文化祭」になった気がします。

撮影や編集のノウハウについては教員にその知識がないので、放送業界で働くプロの方にいろいろご指導をいただいています。ただし、教えていただくのは基本的な使い方や知っておくと便利なコツのようなもので、実際のコンテンツに対して大人がどうこう言うことはほぼありません。

子どもたちとの距離が近い大人（教員）だとついつい口を出しすぎてしまうことがありますが、口を出せば出すほど子どもが試行錯誤するチャンスは奪われます。自分たちでつくる感覚が薄れるほどやる気も削がれていきます。

その点、外部協力者は子どもたちの考えを生かしつつ「こんな選択肢もあるよ」と的確なオプションを見せてくれるので、子どもたちのアイデアがどんどん膨らみます。クオリティも上がるので子どもたちも満足感や成功体験を味わえます。

子どもたちに何かをやらせるときは、**子どもたちが最終的に「自分たちでやった」と思えるかどうかが重要**です。そのために大人は、常に後ろで子どもたちを支える役割に徹し、決して子どもより前にいかないのが秘訣だと思います。

最後の最後は「家族全体の幸せ」

子どものやりたいことを存分にさせてあげたいと思っている親でも、子どもが高校に進学したくないと言い出したら、どんな声をかけられるでしょうか。

「オッケー。全然いいよ」

そう言える自信がある方は多くはないのではないでしょうか。実際に、私はこうした相談をよく受けます。

そんなときに、私がいつも提案するモノサシがあります。

「家族全体の幸せ」モノサシです。

行きたくないと子どもが意思表示しているのを、無理やり行かせようとすると、子どもの意欲を奪うだけでなく、親子関係が崩れる可能性もあります。

親が大嫌いになって、お父さんやお母さんと一切口を利かなくなってしまう家もあれば、兄弟間で衝突が生まれる家庭もよくあります。

「そうは言っても家族だから最後は丸く収まるだろう」という期待は幻想かもしれません。

「取り返しがつかないこともあります。とにかく家族が不幸にならないことが最優先ですよ」と伝えるようにしています。

だいぶ前の話です。中学生の娘さんと進学先について大げんかをしているお父さんが相談にこられました。娘さんは、大好きな部活を続けられる高校に行きたい。一方でお父さんは少しでも偏差値の高い学校に入ってほしい。もちろん、お父さんとしては娘さんの将来を思ってのこと。まだまだ女性が正当に評価されづらい日本企業の現状を考えると、学歴であっても評価を底上げしておいたほうが将来の選択肢が広がると思っているわけです。

しかし、いくら説明しても娘さんとの対立は深まるばかり。最近は完全に無視されるようになったと嘆いていました。

そのとき私はお父さんにこんなふうに語りかけました。

「お父さんの気持ちはよくわかるよ。そのとおりだと思う。でも、今、娘さんとお父さんの関係は目茶苦茶悪いよね。

娘さんが生まれたとき、この世にこんなに愛おしい存在がいるのかと思ったよね。

はじめてハイハイをしたとき、自分の意思で移動できたって感動したよね。

疲れて帰ってきても、一緒にお風呂で遊んでいると癒されたよね。

でも、いまはこんなにいがみ合っている。

じゃあ、このいがみ合いはいつ収まるんだろう。

もしお父さんの言うとおり、いまから受験対策をして有名な高校に入って、優秀な大学に進むとするよね。卒業をして、社会に出て大人になるよね。

そのとき、おそらく娘さんとお父さんとの関係は全然変わっていないよ。

それって、お父さんの望んでいる幸せの姿なの？

高校進学なんてただの手段だよね。それにお父さんは、娘さんとずっと生きていくわけじゃないよね。その子の人生なんだから、その子に決めさせればいいじゃない。もし娘さんが勉強に目覚めたら、そのときにさりげなくサポートしてあげればいいんじゃないかと思うんだけどな」

するとお父さんも表情を変えます。納得されたようでした。

実は私にも、苦い経験があります。

多くの家庭でもそうだと思いますが、父親と息子の関係は子どもが高校生くらいになるとライバルのような間柄になります。

上の息子と先日、久しぶりに会う機会がありました。そのときに冗談めかして、息子はこんなことを言っていました。

「あんな偉そうなこと書いているけど、家では全然違うのにね」

息子は冗談で言ったのでしょうが、私には内心申し訳ないと思っていることがひとつあります。

上の息子が小学校5年生のとき。息子は勉強よりもサッカーが好きな少年でした。私はある理由から、私立の中学受験を考え、息子が6年生になるタイミングで典型的な詰め込み型教育の進学塾に通わせることにしたのです。

塾から帰ってくるのは夜中の10時。ものすごい量の宿題を持ち帰ってきます。日に日に表情が疲れ果てていくのがわかりました。

当然息子は受験勉強のために好きなサッカーをやめることになりましたが、息子としては受験勉強云々よりも、自分のやりたかったサッカーができなかったことをずっと後悔していたように思います。

私はこの件以外で息子のやりたいことを邪魔したことはありません。基本的にずっと自由にさせてきました。しかしたった1回の拘束が、息子の記憶のなかに強烈に植えつけられてしまったのではないかと、思い出すたび後悔します。

親が、子どもに何かを強制させて、うまくいくことはあまりありません。どうしても軌道修正をしたい場合でも一方的に強制するのではなく、あくまでも子どもの意見を尊重することがベースになります。説教がましくならないように、とにかく気をつけながら対話を重ねる。そして、最終判断を子どもに委ねる。こうして対話をしていくことしかないのではないかと思います。

そのときに、「家族全体の幸せ」のモノサシを思い出してもらえれば、言葉かけも変わるかもしれません。

親の悩み 「親として失格？」こんなに立派な子育てなんてできません

自律できない子どもの問題の本質は、何か起きたときに人のせいにする思考の癖です。これは子どもが小さいときから植え付けられているものなので、一筋縄ではいきません。

そう考えると、子どもの一番近くにいる、親の影響は計り知れないものがあります。

「子は親の鏡」という詩をご存じでしょうか。

『子どもが育つ魔法の言葉』（ＰＨＰ文庫）に掲載されているドロシー・ロー・ノルトの有名な詩で、こんな一文からはじまります。

「けなされて育つと、子どもは、人をけなすようになる」

私もあの詩をはじめて読んだときにいろいろと反省させられたものです。読者の方のなかにも、あの詩を読んで「理想の親」のハードルが一気に上がった方もいるかもしれません。

理想の親を目指す努力は大切です。

ただ、もっといい親にならないといけないと強く思いすぎるあまり、「自分は親として失格だ」と自信を失ったり、自分を責めたりする親もいます。

その傾向が強いのが、お母さんです。

プレッシャーの矛先がお父さんに向くこともあります。お父さんの方も、お母さんを「しっかりしてくれ」と責めながら、「そういえばちゃんと父親ができていないかもしれない」と自分を責めだす。

こうして親が日常的に「自分を責める」「人を責める」ようにしていると、どうなるか。

それは、鏡となって子どもに映ります。

自分や人を責める親から、子どもが学ぶことは、なんでしょう？

自分を責めること（自己否定）と人を責めること（人のせいにすること）です。

そんな状態で、親が何気なく「友だちのせいで」「担任の先生のせいで……」などといったことを口にしてしまったら……。子どものなかに、ストンと入ってしまいます。

誰かの批判が日常になって育った子どもは、最後に誰を責めるか。それは、両親です。その批判は、無償の愛情を注いでくれる母親に向かうのです。

だからこそ、「子は親の鏡」の精神を基本に、わが身を振り返りつつも、「そうは言っても完璧な親なんていない」という遊びをつくっておくことが大切なのではないか。それが、40年近く、教師生活を続けてきて、多くの親子を見てきた私の感想です。

おわりに

人のせいにしない、主体的に課題解決に挑むことができる子。

違いを尊重し、地道な対話を通して、合意形成をはかることができる子。


想像してみてください。

そんな子たちが全国の企業、行政、教育機関などで働きだす社会を。

きっと日本中でイノベーションの渦が起きて、20年、いや10年もかからずに日本は劇的に生まれ変わるでしょう。


そのためにまず変わらないといけないのは、子どもの教育に関わるすべての大人です。

つい人のせいにしてしまう癖を改め、主体的に考え、判断し、行動を起こす。自律した大人になる。

つまり、自律的な子どもを育てるためには、大人が社会に対して当事者意識をもっていなければならないのです。これは今の日本の大きな課題です。本書では当校の事例を紹介しましたが、私たち大人にそのままあてはまるエピソードばかりです。

教育の話になると、しばしば北欧の教育が取り上げられます。物差しとして事例を知っておくことは大事なことでしょう。しかし、「フィンランド最高！　日本はダメだ」と観客席で野次を飛ばしているだけでは何も変わりません。

また、今の日本の教育が忍耐、協力、礼儀のような美徳を重視しすぎていることは否定できません。これまでは、そうした美徳が安定した暮らしにつながった面もあったのでしょう。しかし、時代が変わり、優先すべきものもだいぶ様変わりしました。

では、優先すべきものは、何か。

そして、現状の仕組みのどこを変えないといけないのか。

子どもたちのために、そうした課題を地道に1つずつ改善していくことがいまの大人に問われていることです。何かと比較して、人のせいにして、不幸な気分に浸っていていいわけはありません。

大人でも、自分が置かれた環境を憂いている方がたくさんいます。でも考えてみてください。その「環境」は、人間がつくるものです。つくるのが人間なら、変えるのも人間。世の中をつくっているのは私たち自身だと気がつかないといけません。私たち大人に求められているのは、当事者意識をもつという、子どもへの教えとまったく同じことなのかもしれません。

ここで告白しておくと、私は教師生活を始めた山形から東京に赴任になって、強い衝撃を受けていました。

「東京の教育は腐ってる」

「教師とは、これほどまでに尊敬されない仕事か」

教師は、本質を見ようとしない。体罰は常態化し、使う言葉は汚い。子どもたちは、心の中で反発していながらも、強い先生に媚を売り、弱い先生をからかう。その姿を見て、大切な2歳の息子を、東京の公立校に入れていいのか、本当に悩みました。

しかし、少しずつですが、学校も変わってきました。

学びの本質に気づき、宿題を廃止する学校も現れたと聞きます。

教員、ＰＴＡ、教育委員会、行政、地域住民、企業、そして保護者のみなさんが「誰かのせい」にすることをやめて、「自分にできることは何か？」という意識で子どもの教育に関わっていけば、学校は、社会は、必ず変わります。その風は、確実に吹き始めています。本書をお読みになった読者の方々が、当事者意識を持って行動を起こしていくことを切に願います。

最後になりましたが、感謝を述べさせてください。麹町中学校の教員と、労を惜しまず子どものサポートをしてくださる保護者の方々、外部協力者のみなさま。山形時代から始まった教員生活における多くの先輩や同僚。その後出会った多くの教育委員会、大学、民間企業の方々。妻と2人の息子。そして、生徒たち。

麹町中学校をはじめどの学校においても、問題が起こるたびにそれを乗り越え、劇的に変わる子どもの様子をたくさん見てきました。子どものもともと持っている能力の高さに、私自身が毎日驚かされています。本書の「非常識な教え」は、彼らが教えてくれたからこそ、生まれたものです。生徒たちはみな私の誇りです。

工藤勇一

著者略歴

工藤勇一（くどう・ゆういち）

千代田区立麹町中学校校長。1960年山形県鶴岡市生まれ。東京理科大学理学部応用数学科卒。山形県公立中学校教員、東京都公立中学校教員、東京都教育委員会、目黒区教育委員会、新宿区教育委員会教育指導課長等を経て、2014年から千代田区立麹町中学校長。教育再生実行会議委員、経済産業省「未来の教室」とEd Tech研究会委員等、公職を歴任。麹町中学校では「世の中ってまんざらでもない！結構大人って素敵だ！」と生徒たちが思える教育を目指し、教育改革に取り組む。宿題廃止・定期テスト廃止・固定担任制廃止を次々に打ち出した改革は、文部科学省が視察に訪れ、新聞各社・NHK・民放各局などがこぞって取り上げるなど、教育関係者・メディアの間で話題となる。

著書に『学校の「当たり前」をやめた。』（時事通信社）がある。２冊目となる本書は、初めて親に向けて語られた１冊である。

SB新書　489

麹町中学校の型破り校長　非常識な教え

2019年 9 月15日　初版第1刷発行
2020年 2 月 4 日　初版第8刷発行

著　　者　工藤勇一

発 行 者　小川 淳

発 行 所　SBクリエイティブ株式会社
〒106-0032　東京都港区六本木2-4-5
電話：03-5549-1201（営業部）

装　　幀　長坂勇司（nagasaka design）
本文デザイン　荒井雅美
撮　　影　稲垣純也
組　　版　白石知美（システムタンク）／荒木香樹
校　　正　鷗来堂
編集協力　郷和貴
編集担当　坂口惣一
印刷・製本　大日本印刷株式会社

本書をお読みになったご意見・ご感想を下記URL、
または左記QRコードよりお寄せください。

https://isbn2.sbcr.jp/01317

落丁本、乱丁本は小社営業部にてお取り替えいたします。定価はカバーに記載されております。本書の内容に関するご質問等は、小社学芸書籍編集部まで必ず書面にてご連絡いただきますようお願いいたします。

ISBN 978-4-8156-0131-7

Special Thanks!!

「非常識な教えを日本の常識に変えたい」。このページではその理念に共感し、名乗りを上げてくださった方の一部のお名前を載せています。応援の声を寄せてくださった方々、本書を手に取ってくださったすべての方に感謝します。（編集部）

山口牧人　野牧宏治　和田真純　望月陽一郎　中原真吾　岩田弘志
中島崇史　永島宏子　梶谷美由紀　大阪市公立中のいち保護者
大西琢也　増田由紀　齋藤祐　黒田優子　橋口嵩　高澤典義
渡邊真亀子　藤井善章　宮永厚　荻島千佳　田中利恵　山下揺介
伊藤智子　中村洋子　星野尚　あひる　小松ひとみ　原田玄樹
鈴木剛　長沼豊　岡﨑正和　鮫島純二　清川香織　ぬまやん　吉野竜一
あつにゃん　simamaro　青信号　塩田直之　山本昌平　山本武史
青木ともひろ　フィッシュ明子　中村友昭　ルカコ　井上貴至
八塩知之　横田由美子　鈴木昌　建部和美　安東宏　小西一幸
藤井梓　斉藤ひとみ　菊田隆一郎　福井洸輔　安部亨
髙田昌輝　岡崎正則　平田徹行　飯野健二　金澤礼　原淳子　橋本一慶
2030VISION　木下雄輔　新城敦　安居長敏　鈴木島誠太郎　塚田直樹
齋藤暁生　ニシムラナミ　佐倉理佐　山本崇道　福田百合加　宮本繁徳
大塚直美　石黒たけお　阿部和広　坂下充輝　cielo　宇野直木
田畑栄一　前川智美　岡崎博吉　ブライアン佳世　松浦博孝　江藤由布
久田佳孝　大井邦子　大天真由美　山本岳　園田毅　林俊治
asukaTakahashi　新崎綾子　向 祐佳　高橋香奈　鄭玉珠　磯部賢治
小清水ゆり　みっさん。　廣瀬久忠　工藤茂広　山崎隆史　長谷川孝
野田よりこ　長谷川誠　丹内誠　鷲見俊介　鶴長隆盛　藤谷真
大藪章子　米田謙三　中村多恵子　金子誠　富永香羊子　長田吉栄
甲斐英幸　岡本久美子　山田有里　田中豊美　神永典郎　山下広樹
齋藤亮次　伊藤プラダハン信美　濱口将成　桝田博子　角田雅仁
宮山敬子　播磨正浩　高田奈々　工藤祐一　齋藤みずほ　山本正実
脇奈津子　沼澤和義　竹村みゆき　田中利恵　清水恵美　宮脇文恵
山下貴弘　小谷春美　田村志織　玉野井ゆかり　内田一哉　伊佐山清実
うるしー　市川寛（順不同　2019.10.30 更新）